牛散读书会

牛散读书会内部课程精编版

股市零基础快速入门

吴国平 著

企业管理出版社
ENTERPRISE MANAGEMENT PUBLISHING HOUSE

图书在版编目（CIP）数据

股市零基础快速入门 / 吴国平著. — 北京：企业管理出版社, 2022.9
ISBN 978-7-5164-2667-8

Ⅰ. ①股… Ⅱ. ①吴… Ⅲ. ①股票投资—基本知识 Ⅳ. ①F830.91

中国版本图书馆CIP数据核字（2022）第139116号

书　　名：股市零基础快速入门
书　　号：ISBN 978-7-5164-2667-8
作　　者：吴国平
责任编辑：张　羿
出版发行：企业管理出版社
经　　销：新华书店
地　　址：北京市海淀区紫竹院南路17号　　**邮　　编**：100048
网　　址：http://www.emph.cn　　**电子信箱**：26814134 @qq.com
电　　话：编辑部（010）68456991　发行部（010）68701816
印　　刷：三河市荣展印务有限公司
版　　次：2022年9月第1版
印　　次：2022年9月第1次印刷
开　　本：710mm × 1000mm　1/16
印　　张：15
字　　数：150千字
定　　价：68.00元

目　录
CONTENTS

第一章

纵看百年历史，带你发现重大机遇

学前须知：本章主要分享的是未来大机遇的逻辑。通过中国和美国股市的对比，结合作者的股市运作经验，对底部区域的风险与机遇做了深刻的思考，以坚定投资者对未来市场的信心。

内容等级：★

一、中美股市对比

我们的A股市场从开始到现在也就运行了30多年，还属于幼儿阶段，而美国股市则已超过了百年的历史，换句话说，它已经从幼儿→少年→中年这样一直走过来了。我们要想更加明晰资本市场的未来发展状况，肯定需要去参考一下美国股市的整个发展历程，从而得到一些启迪。

美国股市在初期阶段一直反反复复，没有明显的趋势，但是从1930年以后直到现在，都处于一个螺旋式上升的状态。而在这个螺旋式上升的过程中，它也经历了很多很多的事件。这些事件从资本市场的角度来理解的话，都属于利空，比如1910年的股票市场因“一战”爆发闭市、1929年的黑色星期二、1942年的珍珠港事变、1962年的古巴导弹危机、1973年的水门事件、1988年的储贷协会危机、2001年的“9·11”事件等。但是，这么多的利空都无法阻挡其整体螺旋式上升的趋势，那些重大事件对美国股市也只是造成阶段性的影响，最终都涨了回来，并且涨得更多。

美国股市在初期阶段处于反复震荡，没有出现很大的涨幅，是因为其形成长年上涨的大势前，需要经历一个沉淀期。而我们的A股市场成立到现在也就30多年，是不是有点类似美国当时的沉淀期呢？

对比一下就可以发现，A股30多年反反复复的阶段跟美国刚开始30年左右的这种波动极其相似。A股正处于一个幼儿的阶段，在这个阶段一定会伴随有很多不成熟的地方，也正是因为它不成熟，所以才会反反复复，从不成熟慢慢地演变为成熟。美国从不成熟进入成熟之后，就一直呈现螺旋式上涨走势。等到我们的A股市场慢慢迈入成熟发展阶段，那么它也会经历一个长期的螺旋式上涨阶段，而这个阶段就会给到我们巨大的机会。

同时，我们可以看到 A 股市场现在的位置，跟美国市场现在的位置有很大的区别。美国经历那么长时间的发展之后，它是处在相对高位的；而我们正从不成熟迈向成熟这个阶段，是处于相对低位的。所以，从这个角度来看，我们更加清晰的是，未来的机遇很明显是要远远大于风险的。

其实，在 A 股市场，哪怕是在其处于不成熟阶段的 30 多年间，也至少有几次给到很多投资者实现财务自由的机会。接下来，我就以自己为例，分享一下 2005—2007 年期间我在 A 股市场做的那些事。

二、2005—2007 年，我如何在 A 股实现“一夜暴富”

回顾 2005—2007 年，这应该是 A 股市场近 20 年来一次主要的行情，从 998 点到 6124 点，在短短一年多的时间就实现了。

想一想，998 到 6124 是什么概念？从 1000 点不到，到 6000 多点，也就是说指数涨了 6 倍！个股就更离谱了，如果你抓得好的话，翻十几二十倍是没什么问题的。我在当时就是这样去把握的，加上那个时代特有的权证，再放大一下，机会就不止十几二十倍了。我当时的最终获利就达到上百倍。当然，做到这个的前提就是你要对未来的机遇非常坚定，而且还要知行合一。

当时，在 1000 点附近刚刚要开始涨的时候，我非常坚定地提出了一个牛市的观点，所以当时我也被称为“牛市宣言第一人”。在《上海证券报》以及其他一些报纸上，我都旗帜鲜明地指出了未来机会之所在。从 1000 点涨到 1300 点的时候，很多人觉得涨了不少，但是我觉得这还是一个新起点。998 点是开始，1300 点也是一个新的开始，都是开始，后面最终就走到了 6124 点。

在这个过程中，我们做了很多经典的标的，比如国投中鲁、中科英华、保利地产、中国石化等（见表 1-1），这些“代表作”大部分都是一倍以上的收益才出局的。你想一想，一倍以上出局，然后复利，再涨一倍以上出局，继续复利，这个复利增长是很惊人的。而在那个时代，你只要抓住这个机遇，翻个几倍真的不成问题，然后复利一下就是几十倍，再结合权证不就是上百倍了？特殊的历史时期，抓住了这样特殊的机遇，所以造就了我们当时辉煌的成绩。

表 1-1　2005—2007 年所做的经典标的

	股票名称	操作时间周期	买入～卖出价位（元）	累计收益率（%）
代表作	国投中鲁（600962）	2006.8—2007.5	7～22	210
	中科英华（600110）	2006.9—2007.5	6～32	430
	青鸟天桥（600657）	2005.12—2006.9	2.5～7	180
	保利地产（600084）	2006.8—2007.1	20～50	150
	中国石华（600028）	2006.7—2007.1	6.5～14	110
	河池化工（000953）	2007.1—2007.3	6～11	84
	攀钢钢钒（000629）	2007.3—2007.6	6.5～14	110
	九龙电力（600292）	2007.4—2007.5	8～14	75
	岷江水电（600131）	2007.2—2007.5	5.2～12.5	140
	商业城（600306）	2007.4—2007.5	7～12	72

三、底部区域的风险与机遇

底部区域的风险与机遇怎么去把握呢？首先我们要度过底部，就是说你要非常清楚地知道，每一个底部阶段就是机会来临之前，它一定会磨死人的。像上面提过的 998 点这个阶段，人们也有这样一个经历，不会一帆风顺，不是说你闭着眼睛买进去，它就会涨，它往往会反反复复，把很多人都磨出市场，淘汰出局。

2018 年的年末也是这种反复磨死人的状态，涨上去又跌下来，跌下来又涨上来，这里面有风险，当然同时也酝酿着未来新的机遇。只要清楚这一点，底部就在我们的眼前。但是要保持耐心，因为熊市要经历磨底的过程，它不会一下子到低点马上就走，我们要给它一点时间。

每次熊市的磨底都会让很多投资者充满悲观的情绪，纷纷离场，但是每次磨底之后所酝酿的都是历史性的大机会，所以在底部区域，机会要远远大于风险。我们看到了这一点后，就要慢慢地采取一些策略，怎么去布局，怎么去寻找，怎么去把握，这都是接下来要做的事情。

对于多次经历过牛熊、实战经验丰富的投资者来说，与一般投资者或新手的感觉真的是不一样。如果是新手，那一定会遇到很多问题。比如：为什么我一抛，它就涨；什么时候买，什么时候卖；不知道什么是优质的股票；被套牢了怎么办；为什么我的票跌得很快，涨得很慢。这些都是在实战当中要面临的问题，我也是从新手小散慢慢成长过来的，对于这些问题我一开始也都经历过。我要告诉大家的是，如果没有这些经历，你们一定会犯类似下面的这种错误。

在刚刚涨了一点时，你可能相对还处于高位，你觉得这个位置不错，是正确的买入点，于是一跌的时候你就加仓。一般新手散户都是在下跌时就加仓，越跌越买，但是跌到一定程度，你就会受不了，因为每个人一般都会有个盈亏临界点，比如亏损 20%~30% 就是临界点，而且经常会跌到这个位置。新手散户在这个位置时，可能就会选择卖出，当卖完之后看到又开始涨了，比如上涨 20%~30% 也是个临界点，涨到这个位置实在受不了，可能又买进去了。就是如此周而复始，演绎着如图 1–1 所示的这样一个心理波动。

新手出现这样一个心态，是很常见的，我一开始都经历过，所以我非常清楚怎么去避免这些问题，怎么去突破，这就是成长。

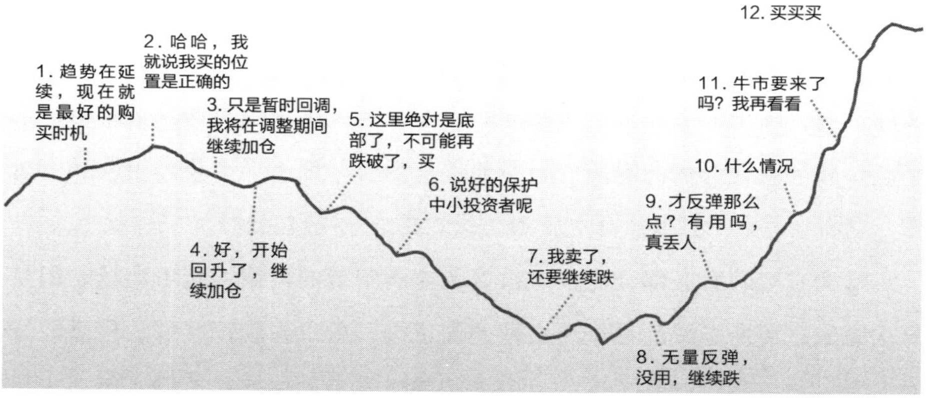

图 1–1　新手散户对于股市不同阶段的心态表现

我觉得一个投资者，要必备几个成功的要素：一是成熟的投资理念，具有系统性和个人独特性，客观看待市场规律；二是深度的公司解析能力，重视公司基本面的分析；三是严谨的技术分析能力，研判技术与市场趋势；四是强大的风险承受能力和纠错能力，接受失败、理性总结；五是良好的心态，胜不骄败不馁、不随意跟风，独立思考。

很多新手正是因为没有系统性的理念，也缺乏一些基础的技术分析能力，所以跌了一点就受不了了，风险承受能力不足，趋势错误的时候不纠错，让亏损继续扩大。这些都是要改变的。当然，最关键的还是心态，很多人因为追涨杀跌，一直处于亏损的状态，又怎么能有良好的心态？这都是很多新手小散会面临的一些问题，只有把这些突破了，你才能成为一个成功的投资者。

本章小结

我们一开始用中美股市的对比，让大家认识到未来新的机会，而且这新的机遇可能是不同于过去的，它会迈入一个新的阶段。当然，通过过去的经验，我也可以很明确地告诉大家，一旦一个新的机遇来临的时候，它将会是超出你的想象的。

那么，要想从真正意义上去抓住未来新的机遇，还是要强大自己，所以我们也是秉承着帮助更多的投资者，尤其是一些散户投资者，建立属于自己的盈利体系的初衷，制定了一些模块类的教学方式提供给大家，如图 1–2 所示。

模块 A 是股市认知，就是说让一般投资者迅速地认识到股市是什么，怎么去认识股市，它的本质到底是什么，这要搞清楚。模块 B 是股市理财，就是说你要知道这个市场有一些低风险的盈利方法，只是你不懂而已，我们会告诉你到底是什么。模块 C、D、E 分别是交易前的准备、正式交易、复盘总结，主要就是告诉你从理论到实战要做的一些事项，完善交易的体系，做好战前的准备。模块 F 就是最终的实战体系了，如何选择好的标的以及使用什么样的战法。详细内容，我会在后面给大家逐一地分享。

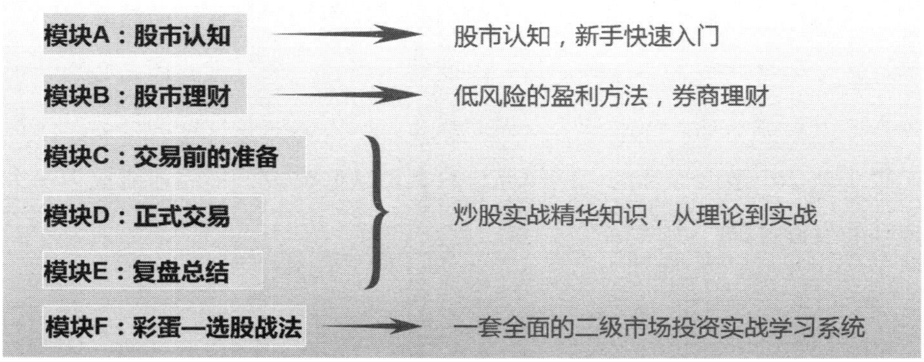

图 1–2　炒股投资实战系列课简介（牛散读书会出品）

最后，希望大家好好地学习、好好地感知，学习感知的同时也要不断地做笔记，最终做到知行合一，一起把握精彩的明天。

第二章

股市新手入门知识（上）

学前须知：本章主要分享的是一些基础的股票知识，还分享了股票市场其他的一些投资品种及其基本概念。进入市场首先就要认识市场，只有清晰了、学习了、理解了，才能更好地成长。

内容等级：★

一、股票与股票市场

1. 什么是股票

简单来说，股票就是股份公司发行的所有权的一种凭证，是股份公司为筹集资金而发行给各个股东作为持股凭证并借以取得股息和红利的一种有价证券。每股股票都代表股东对企业拥有一个基本单位的所有权。每家上市公司都会发行股票。

过去，在还没有全面电子化的时候，所有权的凭证是用纸质证明的，而现在只要你买了股票，交易所就会登记归属到你名下的电子凭证，也就等于是你拥有了这只股票的股权。通俗地讲，你买了股票就是买了一家上市公司的股权，这些上市公司的股权在二级市场上是有波动的。

举例来说，某公司没钱用了，就拿一张纸作为凭据，说要发行上市，然后公司以 100 万元的价格卖给你，如果以后涨了，这张凭证就会有人以 200 万元的价格从你手上买走，这张纸就是股票。而你用 100 万元的价格买了新股，到一定的时机卖出，最后可能就会赚到 100 万元，在价格波动过程中的一买一卖，也就形成了股票交易。

2. 什么是股票市场

股票市场是股票发行和交易的场所，包括发行市场和流通市场两部分。现在，股票市场已经全部实现电子化交易，股票信息都会在电子屏幕上显现出来。

一家上市公司想去融资，就要通过股票市场，面向社会发行股票，从而迅速集中大量资金，实现生产的规模经营，提升公司价值。当然，发行是需要审核的，只有一些优质的公司才能进入我们的股票市场。那么，在发行之后进到二级市场，也就成为进行交易的流通市场。我们更多的是在流通市场去博弈，活动更多的地方也是在二级流通市场。

3. 股票的盈利方式

在股票市场投入 100 万元，最终能不能拿 200 万元出来，这就是未来我们需要去着重提升自我的关键。举例来说，中国石油在港交所发布的股票，2003 年股价是约 1.6 港元 / 股，巴菲特非常看好它，以 4.88 亿美元的价格从交易所中购买了中国石油 23.4 亿股股票。5 年后，中国石油通过良好的发展，得到了市场的高度认可，股价迅速攀升至 13.5 港元 / 股。巴菲特以当时的市场价卖出手上中国石油的所有股票，卖出总市值约为 40 亿美元，税前投资收益约为 35.5 亿美元，收益率为 7.3 倍，如果算上其他的分红收益，可能接近 10 倍。

5 年 10 倍的收益！这就是我刚才说的要去提升自我的关键，努力让自己能够在二级流通市场里把握到类似的机会。如果你能把握到这样的机会，复利、复利再复利，那你可能就会成为下一个巴菲特。

二、股市指数分类

1. 常见指数

在股票市场中，A 股指数是最常见的指数。A 股又分为上证指数和深证成指。上证指数是上海交易所指数的统称，深证成指则是深圳交易所指数的统称。每一个指数下面都有拆分，上证指数下面分为上证 50 指数、上证 180 指数和中证 500 指数，深证成指下面分为创业板、沪深 300 和深次新股（见图 2-1）。很多人可能会奇怪，这个到底是怎么分类的呢？比如上证 50 指数代表的是 50 只个股的集合形成的一个指数，一般来说这 50 只个股包括后面 180 指数的 180 只个股，而这 50 只个股被选出来都是有一定条件的，有的是流通性相对较好，有的是属于各个行业前列的龙头企业，有的是有一定的价值。如果不符合条件的话，到某一个阶段它们就会被剔除掉，然后替换新的符合条件的进来。

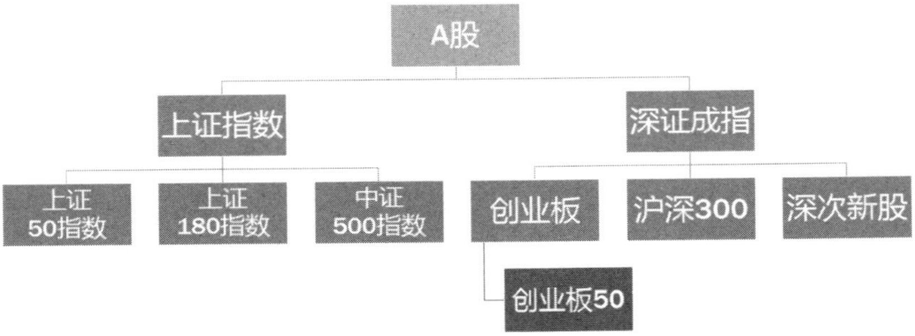

图 2-1　A 股指数

除此之外，还有更多有趣的板块指数分类，比如说你想投资 5G 板块，就有相关的 5G 指数，打开 5G 指数就会看到很多 5G 的股票，所有关于 5G 的股票组合成了一个指数或者组合成一个板块。这些分类在一般的免费炒股软件里面都有，你想投资什么类型的行业，重点关注那个类型的指数或板块就可以。

当然，国外也有很多指数，像美国的道琼斯、纳斯达克，英国的伦敦金融时报 100 指数，日本的东京日经 225 指数，德国的法兰克福 DAX 指数等（见图 2–2）。要记住一点，这些指数与我们 A 股的指数其实是有相当的联动性的。在看国外的指数时，重点看龙头就行了，比如美国指数，因为美国是全球经济的领头羊，而股市指数又是反映经济的晴雨表，所以美国指数的起起落落会影响到全球指数的起起落落，我们国内的 A 股市场也在很大程度上会跟着美股的这种起落而起落。

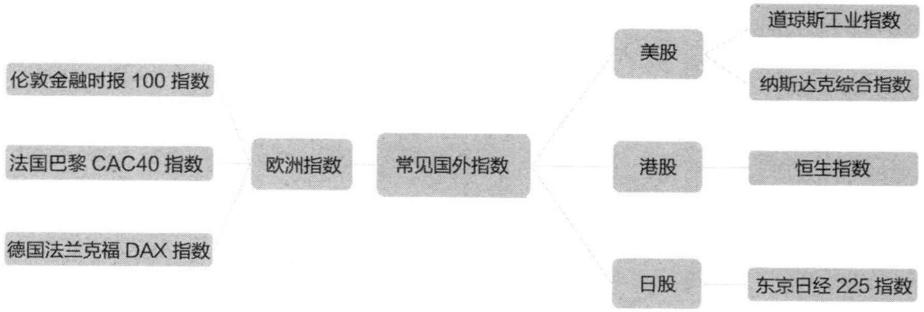

图 2–2　其他常见国外指数

当然，我们也要知道，每个市场都有其各自独特的一种波动性，A 股有自己独特的波动性，美股也有，其他市场也一样，我们只要了解它们之间具有相关性就行了。比如，除了重点看美股之外，因为我国的港股也是跟 A 股息息相关的，所以也要着重加以留意。

2. 指数的作用与意义

股市指数是由证券交易所或金融服务机构编制的表明股票行市变动的一种供参考的指示数字，用以表示整个市场的股票价格总趋势及涨跌幅度。

那么指数本身的作用和意义，就是交易所为了方便大家去研究整合起来的一个指数。比如，你要研究文化传媒，就找文化传媒的指数或者板块，你喜欢 5G，就找 5G 指数或 5G 板块。上证和深证指数反映的是各自市场的一个整体。对于国家而言，指数是反映未来国家经济状况的晴雨表，看了整体就知道当下的一个情况；对于机构投资者而言，指数是投入多少，给客户带来多少回报的预测参考指标；对于普通投资者而言，指数是目前投资者是否愿意投资股市的参考指标，看了指数你就知道整体大概是什么情况。

当然，指数下面也会拆分，比如可以拆分为各行各业的指数，各行各业的指数波动肯定不可能完全趋于一致，有些可能会比较好，有些可能会比较差，但是最后综合反映的就是整体。我们要找的是整体下面表现比较好的行业指数或板块的一些个股机会，这就是我们投资二级市场的一个很重要的理念。整体要看，局部更加需要深入地去研究，由大到小、由宏观到微观这样去梳理，你就会一清二楚了。

三、股票市场其他投资品种

1. 基金

从广义上来说，基金就是为了某种目的而设立的具有一定数量的资金，说白了就是集合理财。比如说有一群人都不太会炒股，那么就可以把他们的钱都集合到公募基金或私募基金中来，然后交给专业的人去运作，运作得好，真的赚钱了，你就有分红，当然，他们也会收取自己相应的管理费。

（1）基金的分类。

基金细分起来有很多类型，比如信托投资基金、公积金、保险基金、退休基金以及各种基金会的基金，就像上面所说的指数一样，不同类型的基金就代表不同的行业，但本质上都是集合理财，只是服务对象不一样而已。

目前市场上能够买到的基金一般分为两种：私募基金与公募基金。私募与公募是基金投资的两大类型。

公募基金是指以公开方式向社会公众投资者募集资金并以证券为投资对象的证券投资基金。公募基金是以大众传播手段招募，发起人集合公众资金设立投资基金，进行证券投资。这些基金在法律的严格监管下，有着信息披露、利润分配、运行限制等行业规范。其特点是安全系数较高、收益稳健。主要品类包括：股票型基金、混合型基金、债券型基金、指数型基金、保本型基金、货币型基金。

公募基金很重要的一个特点是面向大众公开发行，到银行柜台就可以直接购买。还有就是它的门槛相对较低，你只要花1000元也可以买到。同时，因为公募收集了那么多资金，所以它的操作风格相对比较稳定，一般都会采取跟随指数的策略。

私募基金是指以非公开方式向特定投资者募集资金并以特定目标为投资对象的证券投资基金。私募资金是以大众传播以外的手段招募，发起人集合非公众性多元主体的资金设立投资基金，进行证券投资。其特点是可监控、高收益、高风险、全方位服务增值。主要品种有私募证券、私募股权、创投基金和其他基金。

私募基金最大的特点就是非公开，公募基金在银行柜台能买得到，而私募基金就很难买到了。正是因为如此，它的门槛相对来说比较高，一般是100万元以上。私募基金的全方位增值服务，主要体现在会经常性地与客户相互沟通等。另外，因为私募比较灵活，操作手法很多时候是稳中求进，那么在这个过程中，行情好时收益会放大，行情不好时亏损幅度也不会太小，也就是说风险比较高，这是私募基金的一个重要特点。说白了，高收益高风险有一定的门槛，所以它并不适合大多数普通投资者。

（2）基金的盈利方式。

举例来说，某机构发行了一个产品，叫福寿 1 号基金，聘请我做基金经理。本基金起始认购价为 10 万元 / 份，目前基金净值为 1.0，小张花 100 万元认购了 10 份。之后我通过良好的运作，6 个月后把基金里面的资金通过买股票运作盈利了共 50%，基金净值从 1.0 涨到 1.5。如果小张现在赎回全额本金，那么就会赚到 50 万元，当然在这笔钱里面还要扣掉必要的手续费、管理费等，私募收取的费用会比较高，可能至少要拿走十几万元，公募偏少一些，但不管怎么样，你最少能拿到 30 多万元的纯利润，也相当可观了。

这就是基金的主要盈利方式，说得直白一点，就是靠帮人赚钱，然后从赚的钱里面分一部分利润。

（3）基金存在的风险。

这个世界上没有一款产品是没有风险的，任何产品都会有风险，只是风险大和小的问题。基金存在的风险，首先是经济周期的风险。经济好，整个市场比较好，炒股票容易赚钱，基金收益也会比较高。其次是政策变动风险。政策变来变去，会带给市场一个冲击，这也会有风险。再次是投资标的的经营风险。买了一只退市股，风险就会很大；买了一只持续的成长股，那么机会就非常大。最后是管理运作风险。管理运作风险跟前面的这几个风险息息相关，有些管理水平高的，在行情好的时候就参与进去了，就会收获到不错的利润；管理水平比较差的，在行情好的时候没进去，反而在行情要坏的时候进去了，这可能会导致整个基金都存在风险。

当我们了解了这些风险，也就相应地知道了所存在的机会，这样我们就能更加客观地去面对基金产品。我有一个小小的心得体会，新手做基金，在市场相对低迷时可以大胆地参与进去，这时往往很有可能是一个低点。如果连卖菜的阿姨都要买基金的时候，你就要考虑赎回了，这个时候大概率会成为阶段性的一个高点。

2. 期货

以往，我们做买卖交易，一般情况下是我给你钱，你直接把货物给我，现在是双方约定把钱交给一个中介机构作为保证，然后一起商讨在数月甚至几年以后才进行货物交接，这个在市场里就称为期货。

期货的特点是杠杆性、双向性，可以买涨、可以买跌。说白了，期货就是在原来股票的基础上，放大了一些杠杆，减小了交易成本。100 万元的股票，你就要花 100 万元去买，而期货的话，100 万元的东西，你就只需要花 10 万元，因为它有 10 倍的杠杆。

期货可以买涨也可以买跌，不管是物品、指数还是商品，如果看涨的话，那你就买涨合约，看跌你就买跌合约。如果买涨合约，未来真的涨了，你就赚了，如果跌了你就亏了。这是具有双向性的，你只要买对方向就一定能赚钱。

（1）期货的主要品种。

一是商品期货。

· 农产品期货，如大豆、豆油、豆粕、籼稻、小麦、玉米、棉花、白糖、咖啡、猪腩、菜籽油、棕榈油。

· 金属期货，如铜、铝、锡、铅、锌、镍、黄金、白银、螺纹钢、线材。

· 能源期货，如原油（塑料、PTA、PVC）、汽油（甲醇）、燃料油。

· 新兴品种，如气温、二氧化碳排放配额、天然橡胶。

二是金融期货。

· 货币期货，主要有欧元、英镑、瑞士法郎、加元、澳元、美元、日元、人民币等期货合约。

· 股票指数期货，主要有沪深 300 股指期货、上证 50 股指期货、中证 500 股指期货、标普 500 指数期货、英国 FTSE 指数期货、德国 DAX 指数期货、东京日经平均指数期货、香港恒生指数期货。

由上可知，期货涵盖的范围非常广泛，所以在全球范围内期货是非常普及的一个交易方式。

（2）期货的盈利方式。

以燃油期货为例，假设现在 1 吨 3000 元，每手 10 吨就是 3 万元，期货的保证金是 14%，用 3 万元乘以 14% 就是 4200 元，相当于你用 4200 元买了 3 万元的燃油。接下来，假设燃油涨了 10 元，每吨你就赚了 10 元，那等于总的利润就有 100 元。

涨 10 元钱你可能感受不是很深，现在假设燃油从 1 吨 3000 元涨到 4000 元，涨了 1000 元，那么，1 吨赚 1000 元，10 吨就是 1 万元，你的本金投入才 4200 元，等于是涨了两倍还多。但反过来，如果它跌了，从 3000 元跌到 2000 元，那你就要亏 1 万元，不仅投入的 4200 元本金没了，还要补 5800 元的亏损。当然，在实际交易中不会到这样的一个局面，往往在你亏得差不多还剩一两千块钱的时候，交易所会强制帮你平仓，以避免继续亏损，这也是期货的一个特点。

（3）期货存在的风险。

投资都存在风险，做期货的风险主要包括杠杆风险、强平或爆仓以及交割风险。简单来说，因为有杠杆，所以它的风险比股票要至少大 5 ~ 10 倍，这是期货存在的一个主要风险。

3. 期权

所谓期权，期指的“未来”，权指的是“权利”，它是一种合约，该合约赋予持有人在某一特定日期或该日之前的任何时间以固定价格购进或售出一种资产的权利。

从某种意义上来说，期权是期货的升级，而期权的杠杆比期货更高。但是它有一个很重要的特点，就是收益无限、风险有限。期货如果一直下跌不平仓，你就要一直增加保证金，而期权不需要，它买的就是一个未来，就好比你去买楼，交了 2 万元定金放在那里，那么接下来如果房价跌了，你可以不要，这样最多就损失这 2 万元，房价如果涨了，对方也要无条件地把房子交给你，就是这么简单。

我们可以把期权理解为保险，期权费就是保费，期权的买方和卖方就等于保险中的投保人和保险公司。做期权的买方，就支付一笔期权费，获得一个未来的权利；做期权的卖方，就收取一笔期权费，必须有义务去执行买方的权利。这样，买卖就成交了。

（1）期权的主要品种。

我们的期权现在涉及的范围越来越广，而且期权的交易非常活跃。

其中，商品期权的主要品种有铜、豆粕、白糖，股指期权目前主要有上证 50ETF 期权和沪深 300ETF 期权，当然，以后也会陆续推出更多的期权产品。

（2）期权的盈利方式。

以房地产为例，某房地产商向小张推出了一个合约，如果小张现在支付 2 万元合约费用，在 1 年后就可以用 100 万元购买合约所定的房产，2 万元就等于是交了一小笔的定金。假设一年后房价涨到了 120 万元，那么小张履行合约购买房产后可以赚到的房产价值是：120-（100+2）=18 万元；假设一年后房价涨到了 120 万元，现在此合约市场价为 15 万元，小明用 15 万元把小张手上的房产合约买走，那么小张可以赚到：15-2=13 万元；假设一年后房价跌到了 80 万元，如果小张买这个房子的话，等于要亏 20 万元，这时小张就可以不履行合约，但同时 2 万元钱也不予退还。也就是说，小张的最大风险就是亏 2 万元，但是机会可以无限，这就是期权的魅力。

（3）期权存在的风险。

期权存在的风险与期货类似，有杠杆风险，也有价格波动风险。像上证 50ETF 期权，有时候一天来回波动就会达到几十个点，波动很大，所以这个风险大家也要注意。这很考验你的眼光，同时也很考验你的技术，如果没有一定的功底就去参与的话，输的概率是非常大的。

本章小结

本章给大家梳理了关于股票的基本知识。股票就是股份公司发行的所有权凭证，现在基本上都是无纸化交易。股票市场是股票发行和交易的合法场所，现在我们更多的是在二级市场上交易，当然也就需要懂得高抛低吸这些买卖的方法，炒股的重要性也会在这里体现出来。A 股指数有上证指数、深证成指等，香港有恒生指数，国外有道琼斯指数等，它们都有一定的相关性，相互之间会有影响联动。股票市场除了股票以外，还有基金、期货、期权等衍生品种。

初入股票市场的时候，要客观地认识自己，能力非常强的人可以不断地去博弈，但同时也要不断地去学习。只有通过不断的学习，提升自我的能力，才有可能在这个市场上成为最终的少数赢家之一。股价的这种起起落落，它涵盖的东西是非常多的，涉及基本面、政策面、心理面、技术面等，这些都是我们未来在炒股过程中必须去学习的，最好要形成一个体系。

我们有个十二字箴言叫“成长为王、引爆为辅、博弈融合”，这就是一个系统，而这个系统将会引领我们去征战市场。当然，如果你发现自己实在不行，也可以选择基金，说白了，就是把专业的事交给专业的人去做，这也是可行的。但是不管是交给他人还是自己去做，你都要先认识市场。

第三章

股市新手入门知识（下）

学前须知：本章分享的主要还是股票入门的基本知识，包括股票板块的分类，一些股市用词，以及利好与利空的影响。学习是循序渐进的过程，要先学会走，才能慢慢奔跑。

内容等级：★

一、股票板块的基本分类

股票基本上可以分为三大板块：行业板块、概念板块和地区板块。

1. 行业板块

行业板块是将处于同一行业的上市公司划归一类得出的股票类别，主要有农业、农产品、煤炭、石油、化工、汽车、医药、5G、银行、通信服务、文化传媒等。比如，A 股上市公司光大银行（601818）和招商银行（600036）这两个公司都是银行行业的，那么就被归类到银行板块中。

2. 概念板块

只要两家上市公司有共同点，跟某个政策有关、和某个热点有关联，就会被归为同一概念。概念板块多种多样，有电子商务概念、共享单车概念、国产软件概念、虚拟现实概念、新能源汽车概念等几百种。举例来说，阿里巴巴是光线传媒（300251）的股东之一,万达电影（002739）跟阿里影业有合作关系，那么以上两家上市公司就可以被归为阿里巴巴概念板块。

概念是属于市场形成的一种话题，比如有些人炒电子商务，那就是电子商务概念，共享单车火了，就会有共享单车概念，等等。市场在不断演绎的过程中，结合很多事件性话题会诞生出很多这种阶段性的概念板块。

3. 地区板块

地区板块是按所属地域的上市公司归类在一起得出的股票类别，各个地域都有，像上海板块、海南板块、广东板块、北京板块等。举例来说，A股上市公司上海机场（600009）和上港集团（600018）这两个公司都是上海当地的上市公司，那么它们就被归类到了上海板块中。

总的来说，板块的趋势可以作为行业或相关领域发展现状及水平的一个参考，也就是说有些时候我们去找市场机会时，首先要研究这个板块，比如5G板块，看看整个指数怎么走，如果它的趋势走得很好的话，那么就重点去挖掘。很多时候我们的机会都可以从不同的板块里面挖掘出来，指数就一个，但是板块有很多，因为每天都有涨也有跌，我们所要做的就是从这三大板块里去寻找一些阶段性的机会，作为我们投资的标的。你选的板块决定了你的投资方向，在投资的时候先深入了解板块，选好板块，再选合适的标的，这才是我们选股的基本逻辑，而不是先选股再选板块。只有用这样的方式去操作，才会让你在把握市场的机会时更清晰，而且更容易。

二、股市常用名词解释

1. 股票类

在股市里，我们经常会听到蓝筹股、绩优股以及成长股这些名词。其中，蓝筹股是指资本雄厚、股本和市值较大的信誉优良的上市公司发行的股票。绩优股，顾名思义，就是过去几年业绩和盈余比较好，展望未来几年也能维持这种趋势的股票。绩优股和蓝筹股有点类似，很多时候这二者是重叠的。

还有一个就是成长股。成长股是指有前途的产业中，预测未来利润增长率较高的股票。成长股一般集中在新兴产业，比如新能源、通信行业这些都是有前途的产业，它们未来增长率会比较高，弹性比较大。所以，我们如果把握对了成长股，那么阶段性的机会会是最大的，而绩优股和蓝筹股则相对比较稳健。

以上三种股票的标签是可以叠加的，并没有排他性。例如，贵州茅台（600519）是蓝筹股，同时也是绩优股；科大讯飞（002230）很显然属于人工智能，也就是我们所说的有前途的产业，它就属于成长股。这样一解释大家就会明白了。

2. 股票信息参考分类

分析个股时，我们经常会听到基本面、技术面这类名词。基本面包括宏观经济的运行态势和上市公司的基本情况。上市公司的基本面，当然包括财务状况、盈利状况、市场占有率、经营管理体制、人才构成等各个方面。技术面是反映变化的一些技术指标、走势形态以及 K 线组合等。技术分析有经典的三个前提——假设市场行为包含信息，价格变化会反映一定的趋势或规律，历史往往会重演。这是技术分析遵循的三个基本原则，我们在研究技术面时，往往是遵循这三个原则去做的。通过这些基本原则和走势，我们可以去预判未来，然后再结合基本面，二者融合，那么把握起来，成功的概率就会变得比较大了。

一般来说，研究股票要从基本面去选股，从技术面去判断买卖。当然，在具体的操作当中可能还会涉及心理面、资金博弈等，这个以后再和大家详细分享。但不管如何，我们要先了解清楚基本面和技术面这两点，这对你投资股市会有很大的帮助。

3. 技术和指标类

（1）K 线。

K 线是一条柱状的线条，由影线和实体组成。如图 3–1 所示，影线在实体上方的部分叫上影线，下方的部分叫下影线。实体分阳线和阴线两种，又称红（阳）线和黑（阴）线，红色在 A 股市场代表上涨，黑色代表下跌。

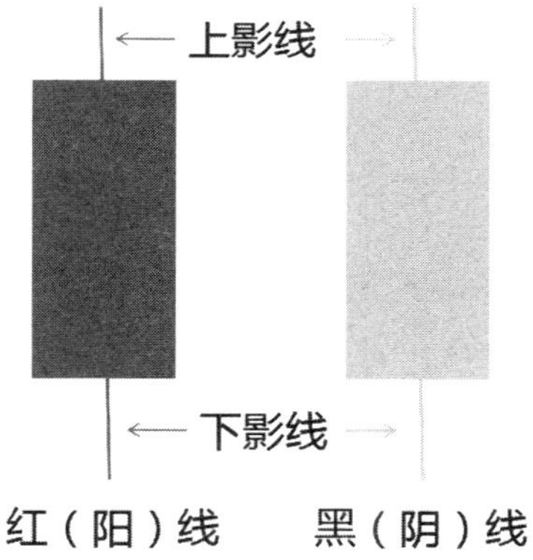

图 3–1　K 线的组成

一条 K 线记录的就是某一种股票一天的价格变动情况，当然，它也能反映一周甚至几分钟的价格变动情况，这个可以用软件来设定，但不管如何，一根 K 线都可以反映一个特定时间周期内的股价波动情况，比如说特定时间之内它的价格达到什么位置，最高多少、最低多少，开盘是什么位置、期间达到什么位置、最后收盘达到什么位置等，一切信息都能够反映在 K 线里面。

具体来说，如图 3–2 所示，在 K 线图中，实体部分的最上方就是收盘价，上影线最顶端的那一点就是最高价。上影线在阳线中，就是当日最高价与收盘价之差；在阴线中，就是当日最高价与开盘价之差。实体部分的最下方就是开盘价，下影线最下端的那一点就是最低价。下影线在阳线中，就是当日开盘价与最低价之差；在阴线中，就是当日收盘价与最低价之差。

阳线和阴线则是实体部分反过来，也就是开盘价和收盘价相反，阴线的开盘价在实体最上方的那一点，收盘价在实体部分最下方的那一点。

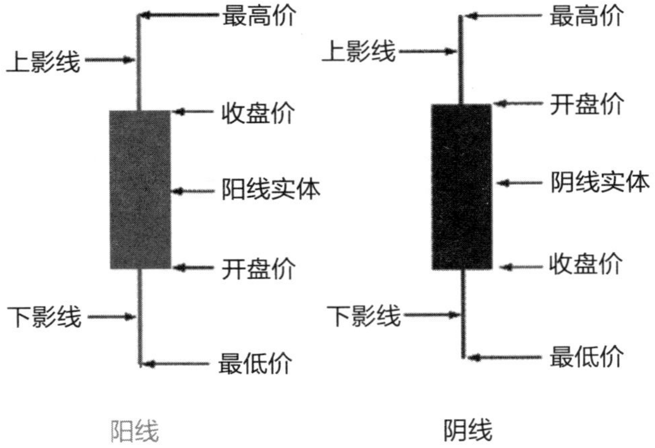

图 3–2　K 线图中的上影线、下影线以及阳线、阴线

（2）日 K 线图。

如果我们把每一根 K 线放在一张纸上，叠加起来，就能得到日 K 线图（见图 3–3），照此也同样可以画出周 K 线图、月 K 线图。

每个阶段性的 K 线组合起来就好像艺术画一样，形成不同的波动形态，而不同的形态也能反映它未来不同的一种趋势。

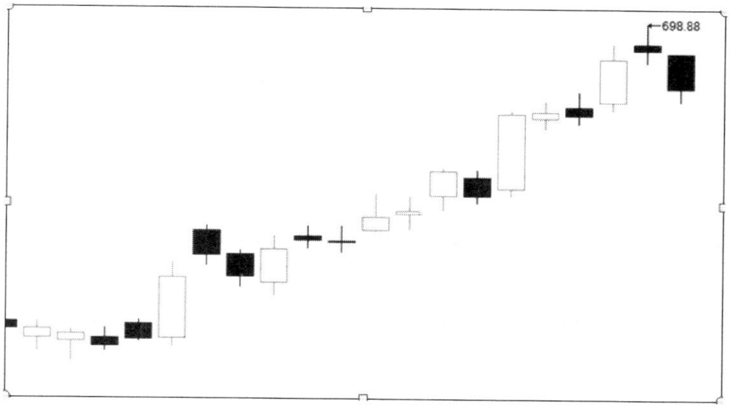

图 3–3　日 K 线图

（3）换手率。

换手率是指在一定时间内市场中股票转手买卖的频率，是反映股票流动性的指标之一，我们可以通过换手率来判断股票最近筹码的稳定性。比如日内的换手率，如图 3–4 所示，贵州茅台这里写着换手 0.34%，也就是用它今天的成交量除以目前的流通市值，比如流通市值是 1000 亿元，0.34% 就意味着今天成交了 3.4 亿元。

R贵州茅台 600519

最新	671.00	开盘	686.00
涨跌	-15.98	最高	686.00
涨幅	-2.33%	最低	665.22
振幅	3.02%	量比	0.86
总手	42122	换手	0.34%
金额	28.35亿	换手(实)	0.88%
市盈(静)	31.13	市盈(动)	25.56
涨停	755.68	跌停	618.28
外盘	18939	内盘	23183

图 3–4　换手率

0.34% 的成交换手率在 A 股市场来说算是比较低的，正常而言，一般一只个股的换手率一天之内都能达到三五个点，活跃的话则能达到十几二十多个点，甚至更多。尤其上新股的时候，一天的换手率就能达到百分之八九十，因为刚一开盘时，原来的中签持有者大多都卖出了，所以换手率是非常高的，换成新的一拨人了。透过换手率能反映出很多细节，也可以给到我们一些启发。

4. 涨停板和跌停板

涨停板和跌停板也是股市专业名称。证券市场中，交易当天股价的最高限度称为涨停板，上限一般为 10%（科创板为 20%）；交易当天股价的高低限度称为跌停板，下限也一般为 10%（科创板为 20%）。如图 3–5 所示。

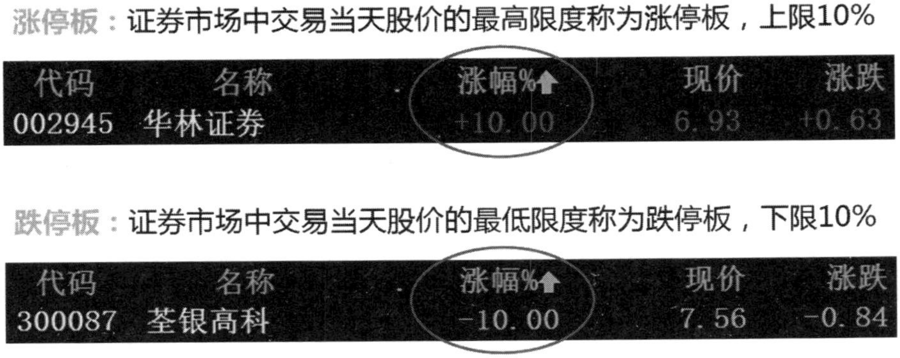

图 3–5 涨停板和跌停板

5. 投资者行为

很多时候我会给学员分享多头出击、空头崩溃等，那么到底什么是多头？其实多头就是预期未来价格上涨，先以目前价格买入一定数量的股票，等价格上涨后卖出，从而赚取差价的交易行为。多头的特点是先买后卖，专门靠上涨来赚取利润。如果后面再加一个多头主力的话，那也等于是多头的这种部队资金，这样你就很容易理解了。

而空头则是预期未来行情下跌，将手中的股票以目前的价格卖出，等行情下跌后再买进，获取差价的交易行为。空头的特点是先卖后买，专门靠下跌来赚取利润。如果空头加上一个空头主力的话，那么就等于是空头部队资金了。

6. 民间常用热门名词

民间也有很多常用的热门名词，比如，我们经常会听到关灯吃面的说法，这是用来形容股民群体在投资失利后的一种极度痛苦与绝望的心情，就好像晚上关了灯吃面，你看多痛苦。有时候我们也会听到一字板这个词，就是一开盘就涨停或一开盘就跌停，成交价格没有变化，K 线为一字线，所以叫一字板。

游资则是指阶段性投机性的短期资金，其目的在于用尽量少的时间以钱生钱，是只为追求高回报而在市场上迅速流动的短期投机性资金。说白了，投机性的资金就是靠多头这种盈利模式去获取利润的，阶段性觉得股票低了，然后买入，等到高位再卖掉，获取这样的一个差价，这就是游资。

割肉这个词非常形象，它是指高价买进股票后，大势下跌，为避免继续损失，低价赔本卖出股票。说白了就是买进股票之后一直下跌，亏到你没办法了，后面你觉得还要下跌，就索性来个壮士断臂，本金 10 万元变成 9 万元、8 万元甚至更低，这就叫割肉。

追高，就是当股票涨了又涨，阶段涨幅已经比较大了，还拼命地去追买。不过追高不一定就亏钱，一旦有亏损也可以及时割肉，这就叫追涨杀跌。所以追高一定要有逻辑，尽可能还是以低吸为主。比如追高买入，止损卖掉叫割肉，止盈以更高的价格卖出去，那就是漂亮地做了一把多头。

追高买入是一个动作，并不是一个结果，有技术的追高是可行的。

跳水，即指大盘或某只股票在短时间内不顾一切地大幅度快速下跌，就像高台跳水一样直线向下，所以被形象地称为跳水。

那什么是阴跌呢？刚才说了，下跌速度比较快的叫跳水，那么下跌速度比较慢的，就叫阴跌了，股价进一步退两步，缓慢下滑，如阴雨连绵，长期不止。有时候可能会连续收到很多根阴线，让人非常难受，阴跌到一段时间，只能割肉，割肉完之后关灯吃面，非常的形象。

三、股票市场上的利好与利空

股票市场上的利好和利空，可以分为重大利好对市场价格的影响、重大利空对市场价格的影响，以及利好对局部市场价格的影响、利空对局部市场价格的影响。接下来我们来一一解析。

1. 重大利好对市场价格的影响：国家政策

例如，我国政府在 2009 年出台了高达 4 万亿元的经济刺激计划，增加流动性。受此政策的刺激，上证指数从 1820.81 点起步，到 8 月创下年内最高点 3478.01 点，年度涨幅超过 100% 的个股达到 1153 只，约占 A 股总数的 64%。

这就是由国家政策推动了一个大级别的行情，也就是重大利好对市场价格的影响。

2. 重大利好对市场价格的影响：央行降准

降准是央行扩张性货币政策之一。央行降低法定存款准备金率，影响银行可贷资金数量，从而可以增大信贷规模，提高货币供应量，释放流动性，刺激经济增长。一般降准对资金来说等于是你的成本降低了，这样就会有更多的资金愿意流入流动性比较好的股市，对股市是一个很好的利好。

央行历史上共有30次降准，每次降准后，股市都大概率会小周期上涨。当然并不一定每次都如此，但是至少会阶段性地对市场形成一个比较好的短期刺激。所以市场重大利好的基础就是国家政策和银行政策，这些都能释放流动性，而释放流动性就是重大利好的必备条件。

3. 重大利空对市场价格的影响：外界因素

影响股市重大利空的因素之一就是外界因素，比如2018年的时候，A股市场就是在中美贸易摩擦的阴霾下，上证指数下挫了24%，虽然也不全是因为中美贸易摩擦，但这是一个很关键的外界因素，让很多人对未来中美之间的经济贸易充满悲观预期，最终导致很多个股下跌，很多人不断地割肉。还有像过去2008年的国际金融危机，也让A股产生了股灾，这也是由于外界因素造成的一个影响。

4. 重大利空对市场价格的影响：经济因素

影响股市重大利空的另外一个因素就是经济因素。2012年，国内GDP增速进入“7%”的运行区间，不及预期，经济下行使得市场情绪非常悲观，市场持续走弱，从2011年11月的2300点下挫到2012年的2000点附近，而2012年全年基本上是在2000点附近运行，走了一年弱市行情。

当国内经济不及预期时，也就是没有出现积极信号的时候，会对A股市场带来一个重大价格的影响，大家都不敢恋战，没有办法去参与股市。

当然，我要提醒一点的是，这种经济状况不可能反映太长时间，因为股市往往反映的是经济的未来。

2012 年之所以低迷，除了经济因素以外，另外一方面主要是当时大家预期未来经济还是比较严峻的，所以才导致这样一个结果。到了后面，为什么能够展开牛市呢？这是因为大家预期未来慢慢地要向好了，所以才引发了一波比较像样的行情。因此，股市就是提前反映经济的晴雨表。提前！记住它是提前反映。

5. 利好对局部市场价格的影响：创投概念

2018 年 11 月 5 日，在首届中国国际进口博览会开幕式上，习近平主席宣布，将在上海证券交易所设立科创板并试点注册制，支持上海国际金融中心和科技创新中心建设，不断完善资本市场基础制度。此消息非常利好利创企业，对科创相关的概念股是一个重大的刺激，受其影响，创投概念板块 10 个交易日时间大涨 33%，其中创投概念上市公司市北高新（600604）在 15 个交易日中股价翻了 2.3 倍。

6. 利空对局部市场价格的影响：影视传媒

某著名主持人曾因某导演拍摄的一部电影饱受流言蜚语困扰，后来事件渐渐发酵，2018 年该主持人“怒撕”该导演，使事态的影响扩展到整个娱乐圈，包括偷税漏税、阴阳合同、电视剧收视造假等问题都被暴露在公众面前。由此，国家出台了相关的政策规范影视业艺人的收入和税务的标准。受事件利空的影响，文化传媒板块从 2018 年 3 月至 10 月下跌了 44%，其中该事件关联方的股价更是蒸发了 60%。

这个就是利空对局部市场价格的影响。当然，下跌那么多也不完全是因为该主持人引发的事件造成的，但这也是其中一个很重要的影响因素。

在局部的板块当中，一些公开的消息是可以直接在短期内影响市场价格的。那么利好或利空的解读，首先要思考消息对市场的影响是长期还是短期的，投资者要结合实际情况做不同的应变，如果这个消息是短期利空，那么你等它跌到差不多的时候就可以进去，因为短期利空之后它就要重回升势的。所以，我们要辩证地去看待各种各样的消息，然后最重要的是要做好充分的准备，面对不同的消息采取不同的策略。

本章小结

首先我们要了解行业板块、概念板块、地区板块这三个股票板块，选好板块，再选合适的标的，这是我们选股的基本逻辑。

其次是名词解释，我们要清晰地去理解这些专业词汇的意义，这样以后把握市场就会变得越来越专业。

再次要清楚的是，影响市场整体的利好主要是资金流动性驱动的政策，利空则主要是经济形势的未来预期比较悲观所造成的。

最后就是要知道相关信息可以在短期内影响相关行业或者相关概念的市场走势，也就是事件性。有很多事件性利好和事件性利空，不少游资就是靠此去把握市场阶段性机会，或者回避市场阶段性风险的。

这就是本章讲的主要内容，希望大家温故知新，不断地去理解，不断地加深印象，这样才能够在这个市场里面走得越来越远。只有提升自己的专业水平、专业知识，我们才能更好地去面对和把握未来的机会。

第四章

看清机遇与风险，牢记投资的原则

学前须知：本章主要讲的是要看清机遇与风险。不论何种投资，只有看清了风险，保住了本金，才有不断盈利的未来；不论何种投资风格，最终的目的都是盈利，所以我们要选择做大概率的事情。

内容等级：★

前面我们学习了一些简单的股市入门知识，都是比较好理解的理论知识，那么本章会更侧重投资心态方面的指导。

一、常见投资风格分类

1. 技术派风格

所谓技术派风格，就是喜欢通过盘面的走势、看盘面技术，比如平时经常听到的量价、形态等，用这些方法去研究，然后指导买卖。

技术派风格的代表人物是约翰·墨菲，美国资深技术分析师，担任CNBC的客座技术分析师，从事技术分析工作超过30年时间，在新泽西州创办有咨询公司。所著的《期货市场技术分析》一书被视为技术分析的宝典。选股标准：以趋势技术指标为主。持股周期：不确定。

墨菲是我刚开始学习技术分析时很重要的启蒙老师。《期货市场技术分析》确实是很经典的一本书，其中译本在国内也是不断地再版。我的很多关于技术方面的基本功，可以说都是从这里学到的。

墨菲选股的标准并不复杂，就是以趋势技术指标为主，所以叫技术分析。我们的股票技术分析就是来源于期货市场，所以该方法在很多市场领域都是相通的，值得我们好好地学习，如果能够吸收并掌握的话，对你把握未来的技术或者趋势等都会奠定很好的基础。

2. 价值派风格

价值派更多的是研究上市公司基本面的价值，所以更侧重的是它本身的基本面，择时找到机会买入和卖出。

价值派风格的代表人物是沃伦·巴菲特，1930 年出生于美国，全球知名的投资商，从事股票、基金等行业，因投资可口可乐、华盛顿邮报等公司而知名。选投标准：基于公司基本面变化情况。持股周期：长期。年化收益：20.5%。

价值派的风格我们都很清楚，因为凡是做股票的人应该都知道巴菲特，他是这方面的佼佼者，其年化收益平均是 20% 多。很多人可能觉得 20% 并不是很多，但是你要知道，如果长期下来持续几十年，每年都有 20% 多，那么复利带来的投资收益就会非常惊人。1965—2006 年 42 年间，他旗下的伯克希尔公司净资产的年均增长率达 21.46%，累计增长 361156%，增长 3000 多倍！这是什么概念，就等于是 42 年时间，1 万元变成了 3000 多万元，成长速度是非常惊人的。

所以，价值派投资关键就在于能否有很好的持续性。有些时候价值派投资与研究上市公司是类似的，要想挖到大牛股，关键就在于你能否找到持续性比较好的、利润增长的上市公司。如果你能找到，加上复利，就有可能诞生阶段性的奇迹。价值派是非常有可能创造奇迹的，但难点就在于长期的复利。

3. 博弈派风格

博弈派强调市场博弈，根据现状进行选择。如果有关注“吴国平财经”

的朋友应该很清楚，我对市场的解盘很多时候都会用到博弈，属于博弈派的风格。具体来说，博弈派就是研究市场参与者比如散户、机构、游资等各自处于什么心态，在博弈的过程中会出现什么样的行为，研究的是资金背后人群的行为学，然后根据他们的状况，做出一些判断。

博弈派风格的代表人物是乔治·索罗斯，1930 年出生于匈牙利布达佩斯，著名的货币投机家、股票投资者。旗下公司是量子基金，1997 年狙击泰铢，引发亚洲金融风暴。选股标准：反身性理论。持股周期：不确定。

索罗斯曾经五次做空货币，四胜一负。他在每次行动前都有充分的准备，充分地分析市场资金行为的博弈，最终做出决策。索罗斯的理论基础就是他的反身性理论，简单来说就是，他始终都能够站在极少数人这个群体去思考一些问题。所以，我们在博弈市场时要非常清楚，这个市场一定是大部分人输，只有少部分人是赢家，因此我们更多的时候要学会从少数人的角度去思考问题，这样你才有可能会成为博弈派里的佼佼者。

4. 量化派风格

量化派强调的是数据分析，很客观，以大数据作为交易依据，这就需要更多地运用电脑，拥有一些大数据，通过过去的点点滴滴，然后去判断未来的一种可能性。也就是说，没有人为的主观因素干扰，更多地借助机器，严格按照你的模型进行买入和卖出，这就是量化派的风格。

量化派风格的代表人物是詹姆斯·西蒙斯，1938 年出生于美国波士顿牛顿镇，是一个制鞋厂老板的后代，数学天才，热爱慈善，开发量化选股，在 1988 年最高年化 34%，超越索罗斯、巴菲特等人，被称为华尔街最会赚钱的基金经理。选股标准：量化投资选股。持股周期：不确定。

西蒙斯的强大之处在于他的盈利模式，当然，他也一直对这个盈利模式秘而不宣。他是用电脑以大数据分析方式做出模型，然后通过这种模型的交易系统自动地去交易，获取平均的量化收益。总归一句话，他很会用一些工具来辅助自己把握市场，所以他成了细分领域的佼佼者，获得了巨大的成功。

证券市场历史悠久，期间也诞生了数个投资派别，投资风格百花齐放，但并不是所有的投资风格都适于你，要通过一定时间的实践去建立合适自己的盈利系统。建议新手不要单一追逐某种派系，应该多方面进行尝试，选择一方面你最擅长的，然后在细分层面上不断地发挥，我相信最终你就能自成一派了。

二、正确认识风险与机遇

在资本市场想获得利润，首先你要学会与风险共舞。我一直都有谈到，来到这个市场，首先你要知道它一定是存在风险的。知道它的风险性，那么你才能知道你的利润从哪里来，而不是只看到利润，看不到风险。

1. 风险的性质

第一，风险是不能够完全消除的。在我们这个市场上，是不可能只有机会没有风险的。做任何事情都存在一定的风险，我们能做的只有规避风险或者是控制风险，也就是当你认为有风险的时候，可以选择不参与，或者当一只股票跌到一定阶段的时候把它卖掉。

第二，任何金融产品都只能分散风险，而不能消灭风险。比如美国次贷危机引发的国际金融危机，这是曾经发生过的风险，很巨大，我们不能够完全消除，只能是分散。比如，你可以投资一些黄金、投资一些股票、投资一些债券，通过不同品种的投资方式来分散风险。

第三，风险不等于波动性。如果市场没有波动，也就没有投资者的利润。就好像股票一样，如果它一潭死水，没有上涨，没有下跌，也就是说没有风险，但同时你的机会也没有了。所以，我们一定要抓到的是那些有巨大波动的机会，你要思考它最大的风险是多少，你所能承受的风险是多少，然后去合理地把握它。

2. 风险的种类

（1）市场环境风险。

市场环境的风险，也就是整个市场几乎所有的股票均下跌，市场参与者通常要遭受很大的损失。比如，上证指数处在一个熊市持续下跌的状态，在 2018 年上证指数回撤接近 30%，投资者人均亏损为 10 万元。导致 2018 年市场下跌的原因是经济下行与贸易战等因素，所以这是整个市场的风险，是没办法消除的，我们要客观地去面对。

风险既然存在，我们就要学会择时。比如你在 2018 年选择空仓，或者在风险比较大的时候选择了离场，然后等待机会的到来，这就是一个择时的过程。这样，等到 2018 年底或者 2019 年初再进场，那么到 2019 年 4 月份你一定会收获满满，这就是择时带来的机会。

（2）经营风险。

经营风险就是投资的上市公司经营不景气，甚至失败倒闭，从而给投资者带来损失。这是我们在投资过程中必然会面临的风险，所以基本面选股很重要，也就是让你去规避一些上市公司经营方面的风险。“成长为王、引爆为辅、博弈融合”，成长是要放在第一位的，因为有很多风险就是源于上市公司的经营风险，如果能够很好地把它们规避掉，对你未来去把握机会是非常有利的。

（3）认知风险。

自身认知不足所带来的巨大风险主要有三种。

一是赌博心理，追涨杀跌。很多人买股票，就像买大买小一样，今天觉得明天要涨了就追进去，基本面和技术面都不看，明天一跌就把它卖了。这种赌博心理是要不得的，它最终会导致你被市场所淘汰。其实，想一想就明白，去赌场的大部分是输家，所以你不能带着赌博心理去把握这个市场。

二是缺乏分析能力，盲目从众。也就是说不具备基本面或者技术面的分析能力，基本功很差，然后跟随大众盲从，自然也会成为输家。

三是风险承受能力低，怨天尤人。来到这个市场，首先要看到风险。这个市场不是金矿，不是进来博弈就一定能赚到钱。如果你的风险承受能力差，患得患失，买进去亏几个点就受不了了，出来后看到它涨上去了，你又受不了了，又追进去，这就会变成追涨杀跌者，也会变成盲目从众者，最终你就会怨天尤人并在市场里迷失方向。

所以，来到这个市场，首先要建立一个正确的价值观。这个市场是存在巨大风险的，你要用能够承受的风险去把握未来无限的机会，这才是合理的，也才是正确的价值观。

3. 有多大风险，就有多大机遇

市场风险有时候很大，像我们国内市场也有退市的风险，完全退市的话，你的投资就有可能都没了。但反过来它也存在很大的机遇，可能有些公司十几年下来，复权来看，从 10 元涨到几百上千元，就有几十倍的上涨。

2018—2019 年间，曾经诞生了一只牛股——东方通信。它在 60 个交易日涨幅达 4 倍。人生如果把握到一次这样的机会，100 万元就会变成 400 万元。如果你再把握一次这样的机会，400 万元的 4 倍就是 1600 万元。通过两次这样的机会就可以发家致富，这种理论性是存在的，但前提是你有没有把握机会的能力。人生的机会并不是你想把握就能把握好的，而是看你有没有准备充分，然后当机会来临的时候敢不敢去把握，这是非常重要的。

在市场回暖的背景下，缺的一定不是机会，而是把握机会的能力。大家未来一定要勤奋、认真地做好功课，择好时，买好票，与时间做朋友。

那么，我们应该如何正确理解市场风险和收益的关系呢？我梳理了这么几点认识。

（1）最重要的不是追求高风险高收益，而是做到相对低风险、合理收益。

（2）最重要的不是价格的波动性风险，而是本金永久损失的可能性风险。

（3）最重要的不是未来的市场价格也不是未来的价值，而是买到相对的性价比。

（4）最重要的不是预测未来的行情，而是对无法预测的未来做好相应的准备。

（5）最重要的不是炒短期业绩、靠运气，而是长期价值的挖掘、靠自我辨别能力。

（6）最重要的不是追求超大的收益，而是避免重大的错误。

上面梳理的这六点，如果你清楚了，就能比较正确地理解机会和风险了。

三、新手要终身牢记的投资原则

（1）不打没有准备的仗。就像一开始我说的，不要成为市场的盲从者，也不要成为市场的赌徒，一定要有所准备，比如你要买入的标的基本面研究、技术分析、博弈分析等，准备得越充分，那你赢的概率就越大。

（2）想获得高收益，你就要有相应的风险承受能力。换句话来说，你想去赚 100 万元，那么，你就要知道能不能承受自己的 100 万元损失 20 个点、30 个点甚至更多的风险。如果能承受，我相信你就一定有机会赚很多钱；如果不能承受，患得患失，我觉得赚钱的概率就比较小了。

（3）首选最熟悉的行业投资。也就是说，在这个市场里面博弈，我们要有所为，有所不为。比如你研究之后，特别了解未来 5G 行业或者是新能源行业，那就选择你熟悉的行业，然后按照一些技术和价值派的方法去把握，这样你赢的概率才是最大的。

（4）充分研究后再买入股票，否则就是赌博。其实这一点和第一点是相通的，不打没有准备的仗。

（5）正确率只需比一般人高一点，就能赚钱。一般人也就是大部分的人，其实他们都是输家，你只要比他们强就好了，赚钱的概率就会大很多。

（6）“股价便宜”是最愚蠢的买入理由。作为新手股民而言，很多人喜欢买低价股，但是我要告诉大家的是，低价必然有它低价的原因，高价必然有它高价的原因，这个市场很现实，我们要尊重市场的规律，千万别贪便宜。这就好像我们常说的便宜没好货，但这也并不绝对，便宜有时也有好货，不过你要懂得去挖掘、去分析，如果你能挖掘到又有价值又便宜的，当然很好。但是，千万不要以便宜作为唯一的买入依据，这样就很容易陷入一些陷阱里，比如有些有退市风险的个股，它往往很便宜，你买进来了，最终却可能血本无归。

（7）利空每天都有，不必过度恐慌。很多人每天都在担心这担心那的，但是要知道，股价肯定会有波动，不要亏几个点就受不了了。如果这样，我是不建议你来股市的，最好是买一些定期存款或者固定收益的理财产品，这样你就不用恐慌了。你既然想要抓到一些大的机会，想一年翻一倍甚至更多，那自然就需要一定的风险承受能力，而不是天天担心。

（8）小小的收益通过复利也能赚大钱。前面说过，巴菲特年化收益率百分之二十几，在A股市场来说，有很多人可能看不起这个收益，但事实上，如果能一直复利下来，像巴菲特一样，40多年就能达到3000多倍的收益。你不要小看阶段性的小的收益，如果你在这个月赚10个点，下个月也赚10个点，这样一直持续的话，那就不得了了，你就一定是能赚大钱的。

本章小结

（1）市场投资风格主要分为四种：技术派、价值派、博弈派、量化派。

（2）正确理解风险，风险是不可能完全被消除的，对这一点我们要有非常清晰的认识。

（3）股票市场最大的风险来源于自己对市场的认知不足。

（4）市场有多大的风险，就有多大的收益。所以，不需要太多的牛市，只要把握到一次两次，你的人生就会发生蜕变。

（5）新手投资的原则一定要反复阅读，不同阶段的阅读都会有不同的收获。记住我的话，温故才能知新！

第五章

新股民最容易掉入的“五大雷区”

学前须知：本章主要是解析新手容易掉入的“五大雷区”，让大家明白普通投资者和专业投资者的区别。只有提升自己的实力和认知，才能更好地在市场里生存。

内容等级：★

一、何为“五大雷区”

1. 认为股市赚钱很容易

全球股市都在遵循这么一个黄金定律：“七亏二平一盈”。什么意思呢？就是说如果 10 个人投资股市的话，最终就会有 7 个人是亏损的、2 个人是打平的、1 个人是盈利的，任何一个市场都摆脱不了这样的定律。很显然，赚钱并不容易，因为你有很多对手，包括上市公司股东、各类专业机构、牛散，还有你身边的各类中小散，这些人都是你的竞争对手，试问自己能进入这个“一盈”里去吗？你要在这些竞争对手里面最终脱颖而出，要靠什么？所以一定要端正认识，股票赚钱并不容易，我们要建立自己的系统，最终才能成为市场中的少数人之一。

2. 有赚大钱的野心，没有赚大钱的耐心

有些人有赚大钱的野心，却没有赚大钱的耐心。举例来说，我们之前做过的一个标的叫香山股份，它从下跌后在底部区域经历了近半年的时间，后面迎来了一倍的涨幅（见图 5-1）。这里就要引入一个思考了：如果你花半年的时间，在底部区域潜伏，最终给你一倍的收益，你愿不愿意？我相信大部分人是愿意的，因为一年的定期存款没多少钱，而放到这里半年就有一倍的收益，何乐而不为？但问题是很多人在这半年期间就被“三振出局”了。我们调研香山股份的时间是 2019 年 1 月 9 日，最终潜伏还没有半年，就迎来了翻倍以上的收益。

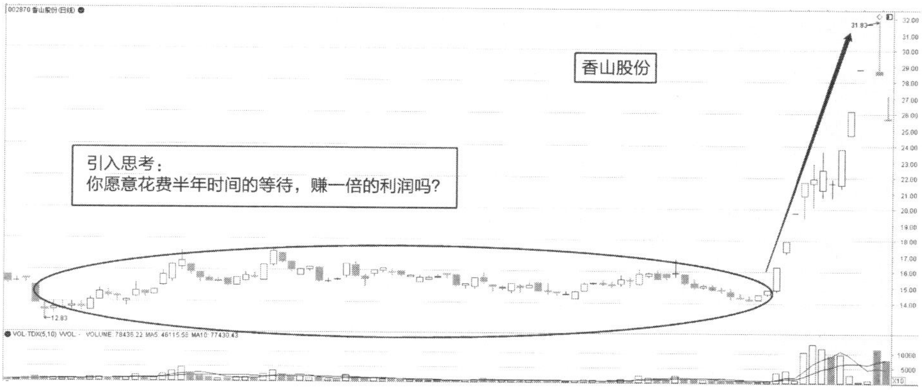

图 5–1　香山股份股票走势

所以，我想要告诉大家的是，做股票千万不要做那种追涨杀跌，今天不涨，明天就卖掉了，这种方式是很难赚到大钱的。你要想赚到大钱，就必须有一定的耐心，短的一两个月，长的半年甚至更久，静心等待，最终会收获你的未来，这个未来肯定是一个比较大的波段，而不是几个点这样小的波段。

3. 过于追求买在最低、卖在最高

过于追求买在最低、卖在最高，从概率的角度来说，这等于是你要把把都赢，本来就不现实。我们要关注的是大概率的事件，只要你发现这大概是属于底部区域，大概率是高位区域，那你也就知道什么位置是可以做波段的了。知道这些就足矣，至于价格是不是最低或者次低，或者是高一点都无所谓，只要在某个区域你把握好了就行。

如图 5–2 所示的箭头处，你以为是最低点了，其实还有更低的，但你敢买吗？你越想买最低，但它未必就是最低的！如果你看清楚本质，就会发现这些低点都不是低点。当你以为这个位置你要被“三振出局”的时候，

就会发现这幅图里面的这些低点其实都是底部区域。你虽然没买到最低，但是你买到了底部区域。

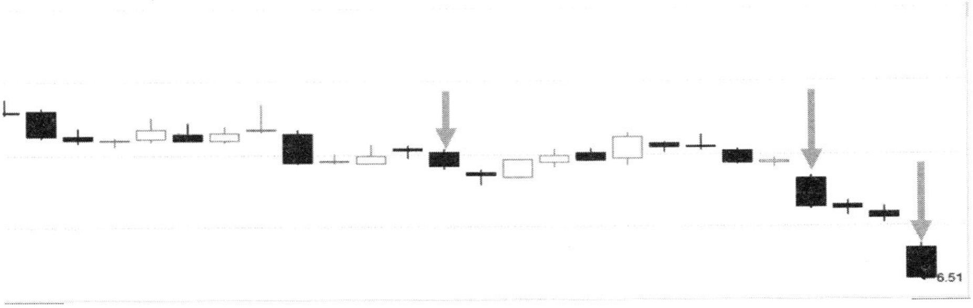

图 5–2 个股底部区域示意图

上图中所示的这只股票名称是中信建投，是券商的一个龙头上市公司，也是 2019 年上半年一个令人瞩目的明星个股。后来，这只股票直接从 6.5 元涨到了 22 元，翻了 3 倍，如图 5–3 所示。所以，有些时候我们追求个股的这种机会，是没有办法做到极致的，但是如果买到一个区域阶段性的低点，那么你就足以笑傲江湖了。

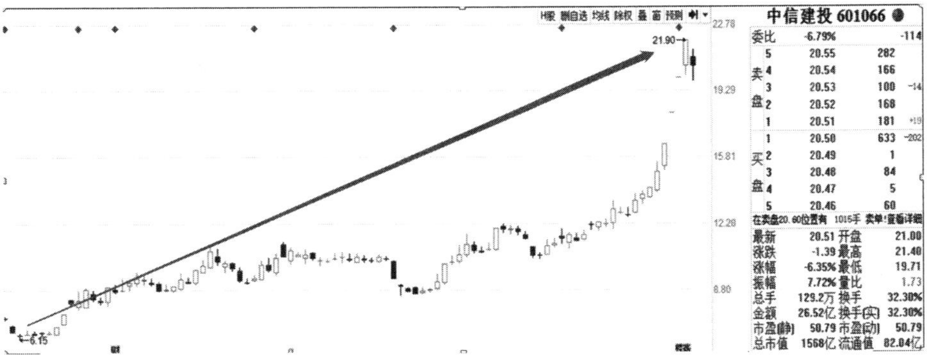

图 5–3 中信建投（601066）行情走势

再看一个案例。如果你从 12 元开始持有如图 5–4 所示的个股，现在涨到 28 元多了，会考虑获利了结吗？

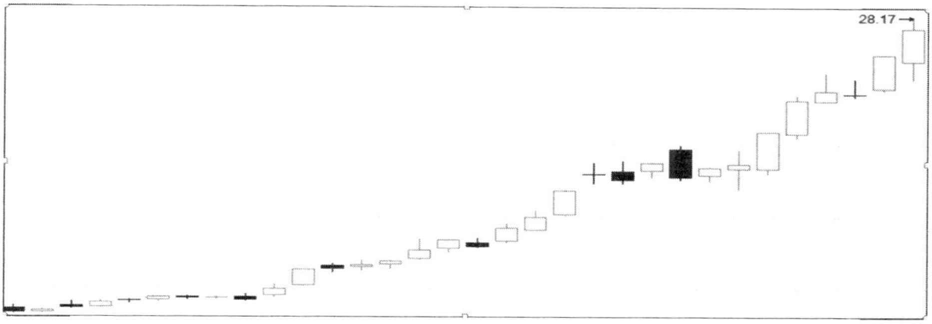

图 5–4　个股行情走势示意图

我想，当股价持续上涨时，大部分人都会想着卖到最高的价格吧。虽然这只股票（方大炭素）后面涨到了接近 40 元，但接下来又迅速回落到 23 元区间附近（见图 5–5）。方大炭素是过去的一只牛股，其实你是很难卖到最高点的，所以，如果你在 28 元左右的时候卖出，也是比较划算的，我们要学会留点机会给别人，这样也才能把握住更多的机会。

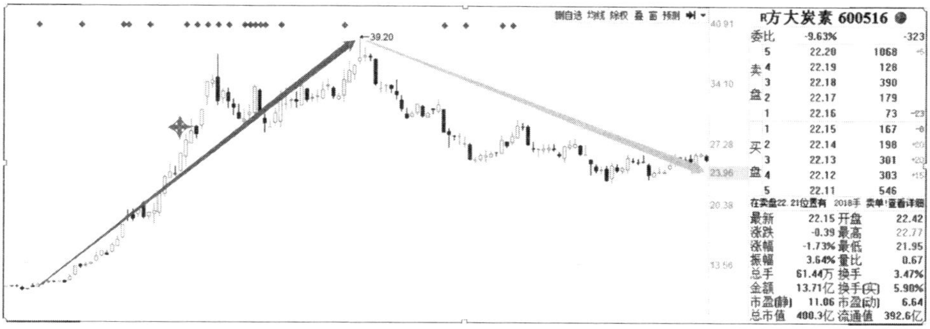

图 5–5　方大炭素（600516）行情走势

4. 过于相信自己的直觉，拍脑袋做决定

买卖股票要有逻辑，要有理有据，所以要提升自己建立知识系统，这样才能分清楚哪些是事实，哪些是纯臆想的。我们要尊重市场，不要买了股票就看多，没有买股票就看空，我们的直觉要建立在一个客观事实的基础之上，而不是所谓第六感。有些人的第六感很强，当然，并不是说他没有一点基础，而是他经历了市场非常多的总结和修炼之后，最终引发出他的这种第六感。但大部分新股民的第六感，是直接拍脑袋做决定，那么你要在这个市场成为赢家，就像买彩票一样，是极小概率的事件。所以，我们要成为市场的赢家，就要注重自身的提升，让我们的买卖逻辑更清晰，比其他竞争对手更强大。

5. 随便买入股票，频繁交易

随便买入股票，频繁交易也是大忌，除非你是超短线高手，可以做这种超短线涨停板“敢死队员”，但是要做到这一点你要付出很大的努力。我曾经讲过，超短线的高手要具备两个条件：第一，你的资金有没有达到一个亿以上；第二，你的技术是不是过关。我相信大部分新股民是不具备这个能力的，所以，你要做到这一点其实是很难的。

很多新手的账户，一打开就会看到，他们频繁交易，大部分却是亏损的，为什么？就是因为他们不懂得去分析市场，没有买卖逻辑，从短线变成中线，中线就亏损累累，最终动都不敢动。既然我们想做的是少数的赢家，那就要不断提升自己，少一点频繁交易，多一点买卖逻辑，建立属于自己的体系，这样才能把握更多精彩的未来。

二、如何正确理解股市各种专家的观点

大家都知道，股市里面有很多资深专家，包括我自己也算是其中之一。对于这些专家的意见，大家一定要辩证地去看，不要盲从，包括我的观点，你也不需要盲从，而要用自己的思维去理解。比如说为什么这个时候我们看多，为什么这个时候我们看空，市场上的一些专家，他们为什么会这样思考。我们更多的是要看到他们思考背后的逻辑是怎么形成的，你要去思考为什么会产生这些逻辑，他们的中长期观点是不是具有一致性。一流的高手对自己的逻辑都是有着坚定信心的，市场没有出现改变之前，他们是不会轻易变动的，那么我们就需要去吸取这些东西，然后不断地通过市场的波动去验证，最终使自己能够融合掌握。当然，如果你实在不懂得分辨，也可以选择去买基金，然后把它交给你认为靠谱的人就行了。

不同的股票专家对市场的解读肯定是不相同的，观点并没有对错之分，我们也允许百花齐放，对于普通投资者来说，无非是从这些观点里吸取到一些你认可的、有参考价值的信息为己所用就行了。各种专家擅长的点都不一样，你要看清楚其中的核心点，更多地专注于长期的研判，而不是短期的准确率，中长期的思考有利于你把握一些中长期的波段。主要应学习他们对市场解读的思维，取长避短，有些好的我们就吸收过来，比如说“吴国平财经”，如果你觉得上面的很多研判都很准确，那么其中一些好的思维你就可以把它吸收过来，然后消化融入具体的操作里面。

专家们的研究风格也同样有价值派、技术派、博弈派和量化派之分，我们要清楚的一点，就是要找到适合自己的风格去关注，从而有利于建立

自己的体系。比如我的核心理念是“成长为王、引爆为辅、博弈融合”，长期关注我的朋友，如果认可我的理念，那么你就可以在这个层面上不断地去提升自我，把这个理念发挥到极致，到那时，你在这个点上的成就会远远超过一般人。

根据我的经验，市场上也有一些不太靠谱的所谓专家，对于他们，我专门总结了四个“少看”。第一个是自我吹嘘，自称是牛人、大师、股神的要少看，吹嘘过度，虚的成分一定多。第二个是晒收益，经常贴交割单、抓涨停的，企图勾起他人浮躁贪婪之心，这也要少看。偶尔贴贴交割单是正常的，但是天天抓涨停，从概率角度来说也是不可能的，你想我们有可能每天都赚钱吗，何况还是天天涨停，根本就不可能。他这样做，无非就是想激发你浮躁的心态，然后让你追涨杀跌！第三个是见风使舵的，观点左右摇摆，涨了看涨，跌了看跌，立场不坚定，这种的干脆也不要看。因为你都不知道他到底是持什么观点，看了反而会影响你的思考。第四个是故弄玄虚，让你觉得市场赚钱很容易，天天快进快出的，一定要少看。炒股本身赚钱的概率就不大，这种人还搞得好像很容易一样，尤其是倡导天天快进快出，这非常有可能把你引到歧途上去。

总的来说，市场上有非常多的声音，不是关注越多越好，而是要重点关注它能带给你多少启发；每个专家对市场都有自己独特的解读，要关注适合自己的风格；最重要的不是关注他提出的观点是否在第二天得到了验证，而是要理解他的逻辑与对市场的研判思路。

三、普通投资者与专业投资者的差距

普通投资者与专业投资者的差距，主要体现在技术、心态和专注力这三个方面。

专业投资者懂得基本面研究、操盘技术和资金博弈的方式方法，而普通投资者多数是靠运气，就算有点技术也属于皮毛，根本没办法和专业的投资者相比。

专业投资者不会被一时的涨跌影响最初的交易逻辑，其心态是非常坚定的，不以涨喜，不以跌悲；普通投资者往往会因分时的波动就做出不理智的决定，追涨杀跌。这是双方在心态上存在的明显差距。

专业投资者一般会坚守一种固定的投资方式，然后在中间根据情况进行融合和调整，而普通投资者可能失败两三次就放弃了，缺乏建立一套自己的盈利系统的恒心。而且，普通投资者平时也没有太多的时间一直专注股票市场，专业投资者则是每一天甚至可以说全部时间都在专注股票市场。双方在专注力方面也存在很大的差距。

普通投资者想要减少与专业投资者的差距，首先要正确理解市场，要做好情绪管理，不要被市场的涨跌过度影响自己的情绪。股市的涨跌本来就很正常，我们不需要过度地患得患失，越患得患失，越容易被市场淘汰。其次要努力学习基本功，提升基本功，对每一笔交易负责。也就是说，一定要建立好属于自己的买卖逻辑，没有自己的买卖逻辑，宁愿不交易，这才是对自己负责任的态度。再次是打造适合自己的固定的盈利系统，不要随意切换风格。比如，如果你认可我的 12 字箴言，那你就要好好地消化吸收其中的核心理念，不断地思考、打造自己的盈利系统，这对你将来的市场交易一定会大有裨益。

本章小结

（1）对于新手容易掉入的“五大雷区”，要反复阅读与理解。

（2）要学习市场上资深专家的市场研判思路及其背后的逻辑。

（3）普通投资者必须言行合一，把知识付诸行动，努力学习，缩小与专业投资者的差距。只有这样，在这个市场中你才不会变成“韭菜”！

第六章

巧妙打新股
——不懂就亏的稳赚项目

学前须知：本章主要分享的是如何巧妙地打新股。打新股如同买彩票，要坚持不懈地打新，万一中奖，99%的概率是会赚钱的。

内容等级：★

一、什么是打新股

打新股其实就是指用你的股票账户的资金去参与新股申购。股票账户资金不仅包括现金，另外也包括持有的股票市值。只要你的股票账户里面有钱或者持有股票，就有机会去参与新股的申购。

新股申购本身是股市当中风险最低而且收益相当稳定的一种投资方式。因为每一只股票在上市的时候都会募集资金，通过交易所开放一定的认购份额给到投资者去认购，从而完成资金的募集。那么，它开放的份额也就是你申购的这些股份都是比较便宜的，一旦中签了，上市以后就会上涨，在上涨过程中你就可以获利了。所以，新股申购是一种低风险又有一定机会的投资方式。

二、打新股的特点

1. 收益高、风险低

其实这只适用于 A 股市场，因为 A 股的特点就决定了你只要中了新股，99% 都是要赚钱的。但是像美股和港股就不一定了，你打新中签了，上市那一天也是有可能亏钱的。

2. 零手续费

打新股没有佣金，也没有过户费、印花税等费用，中签之后卖出就只有正常的交易费用，所以它的收益比较高。

3. 存在概率

打新中签是需要一定的运气的。买六合彩和买彩票的中奖概率太低了，但是打新股的概率就要大多了，不过也要看运气。你只要能中签，在A股市场赚钱基本上是确定的，只是赚多赚少的问题。

三、打新股的前提条件

打新股是有前提条件的。首先要有账户，要开通上海证券交易所或深圳证券交易所的证券账户。这里给大家一个温馨小提示，深圳证券交易所更多的是创业板股票，所以打新之前最好还要提前去开通一下创业板。其次要持有超过日均1万元的证券市值，并且超过22天。沪深两市分开算，沪市的话，1万元市值可申购一个单位，每个申购单位为1000股，而深市的话，5000元市值就可以申购一个单位，每个申购单位为500股。

因此，最好是既有沪市的一些股票市值，也有深市的一些股票市值，两边都达到了1万元的话，你就有资格分别去申购两个市场里面的新股。如果没有达到这个条件，比如说你只有深市的，没有沪市的，那沪市的就没法申购了，反之亦然。

四、打新股“五步走”

第一步，查看新股排期表。

新股排期表很多网站都有，我这里给到大家的网站是东方财富（见图 6-1），点击进去，就会出现新股的一个排期。根据排期表里面的排期，你就能知道接下来申购日期是什么时候，像图中的 4 月 3 日、4 月 10 日、4 月 11 日、4 月 16 日、4 月 17 日等。这些都清楚地告诉了你，什么时候会有什么新股可以打，到了那一天你就可以从容地去打新了。

全部股票　上海主板　创业板　中小板

股票代码	股票简称	相关资料	申购代码	发行总数（万股）	网上发行（万股）	顶格申购需配市值（万元）	申购上限（万股）	发行价格	最新价	首日收盘价	申购日期
603967	中创物流	详细 研报 股吧 专题	732967	6667	2667	26.00	2.60	15.32	15.32		04-17 周三
300772	运达股份	详细 研报 股吧 专题	300772	7349	2849	28.00	2.80	预估 6.52			04-17 周三
300773	拉卡拉	详细 研报 股吧 专题	300773	4001	1200	12.00	1.20	预估 33.28			04-16 周二
300771	智莱科技	详细 研报 股吧 专题	300771	2500	1000	10.00	1.00	预估 30.24			04-11 周四
300770	新媒股份	详细 研报 股吧 专题	300770	3210	1280	12.50	1.25	36.17	36.17		04-10 周三
603317	天味食品	详细 研报 股吧 专题	732317	4132	3719	12.00	1.20	13.46	13.46		04-03 周三

图 6-1　新股排期表（东方财富）

第二步，申购新股。

如果是申购新股，就在指定的那一天的交易时间里进入“新股申购”，打新表里面会有相应的代码，你输入这些代码申购即可（见图 6-2）。一些券商的交易软件有个功能叫一键打新，也就是说你按一下这个键，它就会自动帮你找到这些新股，然后填上新股的代码以及申购数量，最后你只需要按一下确认键就行了。如果没有这个功能的话，你可以自己去输入代码和申购数量，最终确认申购，与买股票的方式是类似的。

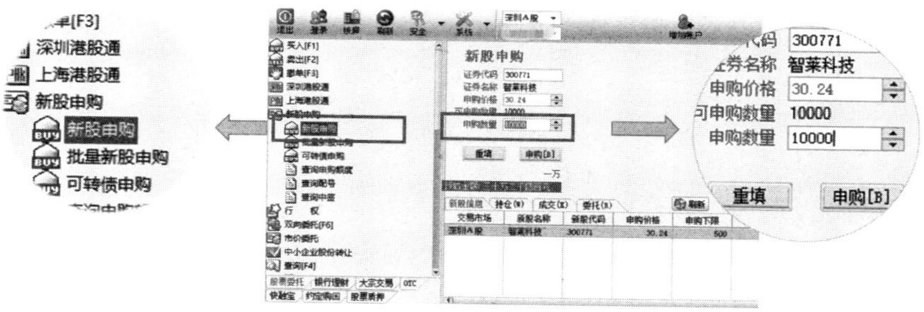

图 6–2　申购新股流程

打新的时候，可以查询一下申购份额，它会显示可申购的数量。可申购数量是结合你自己的资金决定的，如果提示可申购数量是 1000 股就填 1000 股，提示 2000 股就填 2000 股，总之是你的资金对应的份额，有多少就填多少。小散的资金量可能还要看一下可申购数量，但是资金量很大的话，比如几百万甚至上千万元，基本上就不用看申购数量，直接填最多的顶格申购就行了，因为你完全具备这样的资格。

第三步，留意中签提示。

打新操作完之后记得要留意一下中签的提示（见图 6–3）。如果等摇号摇出来，而你没有去查看是否中签，万一中签却忘记缴款的话，你就很尴尬了。中签忘记去缴款，就好像你买了彩票没有去兑现一样，最终这个新股就和你没有任何关系了。

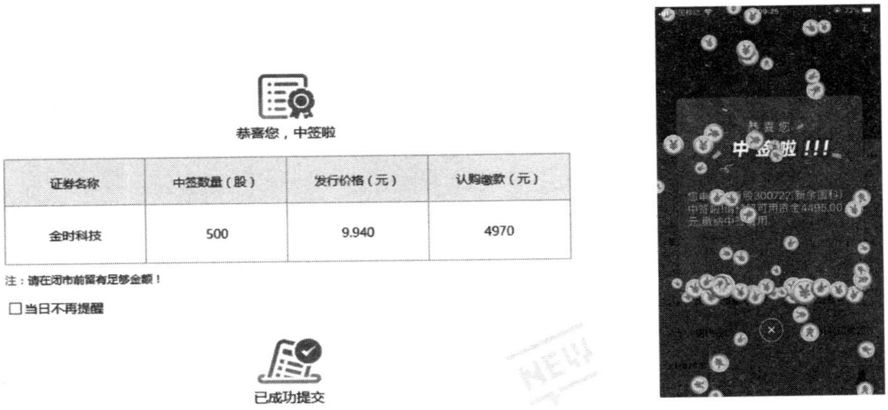

图 6–3　中签提示

第四步，查询中签。

有时候，如果没等到提示，你就要去查询一下，看看到底有没有中签（见图 6–4）。如果中签了，查询中签里面会有提示，中签的数量也会显示在你的交易软件里面。

图 6–4　查询中签

第五步，认购缴款。

到了认购缴款那一天，要记住，你的交易账户上一定要有足够缴款的金额。如图 6–5 所示，该股票发行价格是 9.94 元，500 股认购缴款要 4970 元，那么，当天你的账户上剩余的资金至少需要 5000 元，这样就可以刚好缴掉 4970 元，等缴完之后，你就可以拿到新股了。需要提示的是，如果你连续三次中签，却都放弃缴款的话，那么交易所就会把你的申购新股资格取消，再打新就需要等半年了。所以，既然去做新股申购，如果中签了就记得一定要认购缴款，因为 99% 是能赚钱的。

恭喜您，中签啦

证券名称	中签数量（股）	发行价格（元）	认购缴款（元）
金时科技	500	9.940	4970

注：请在闭市前留有足够金额！

图 6–5　认购缴款

五、打新股的技巧

1. 核心技巧

（1）沪深两市打新资金分配。

假设你目前只有 2 万元的沪市股票，如果今日有一个沪市（股票以 60 开头）和一个深市（股票以 00 和 30 开头）的股票可以申购，那你要如何来提高中签概率呢？正常来说，如果你只有沪市股票，就只能申购沪市的，所以为了提高中签概率，你可以将沪市股票卖出 1 万元买入深市股票，这样就可以申购两地的股票了。或者可以额外拿出 1 万元，买入一只深市的股票，这样你也可以同时打沪市和深市的新股，提高中签的概率。

（2）资金大可用多个账户打新。

如果拥有资金较大，我们就可以用多个账户打新，比如可以让家人开户，将资金有效地分布到各个账户里面。举例来说，假设你有 10 万元，分成三份，你父亲的账户 3 万元，你母亲的账户 4 万元，你妻子的账户 3 万元，这样中签的概率就大了很多。

（3）资金小可以多打大盘股。

新股申购的人肯定多，小盘新股中签的概率就会比较低。除了普通的投资申购新股外，市面上的一些机构也会申购新股，机构资金量大、账户多，所以机构资金申购小盘股也会降低普通投资者中奖的概率。而大盘新股募集资金量大，其中签的概率就会比较高，一般中奖率在 2%～4% 之间。所以，资金小可以多打大盘股。

温馨提示：普通账户打新属于线上操作，但大部分份额会给到线下打新，这样给到线上打新的份额就会小得多，而普通账户的人数量很多，那么中奖概率其实就会小很多。所以，就目前 A 股中签后的获利概率而言，应该有新就打，能打全打。

2. 打新股的心态——坚持

打新股的心态，要记住两个字——坚持。我们要坚持不懈地打，多留意理财网站上打新的排期表，只要新股市值符合要求，就坚持申购。打新没有多少技巧可言，拼的就是运气和坚持。

六、打中新股后如何有效盈利

1. 新股的盈利空间非常可观

首先我要告诉大家，新股的盈利空间是非常可观的。一般新股一上市，第一天最大涨幅就能达到 44%。想一想，如果中签的额度是 2 万元，那么第一天你就能赚 44% 即 8800 元。而且第一天往往是不会开板的，如果不开板就有可能连续涨停，第一天赚了 8800 元，第二天就会按照 28800 元的市值来计算，如果当天又涨停的话，你就能再赚 2880 元，两天就赚了 1 万多元。

如果连续涨停，那你就赚得更多了。可以告诉大家一个真实案例，有个人中签中了 2 万元的额度，因为这只个股一上市就连续涨停，后面翻了将近 10 倍，这 2 万元的额度就赚了 18 万元。当然，这是在特定的市场环境中才会出现的，往往是在牛市。但不管如何，都提醒大家一定要积极地去申购新股，一旦中签往往都会有不错的收益。

2. 新股卖出技巧

申购新股很重要，当然，如何择时卖出也非常重要。卖出的最佳时机往往是打开涨停板的时候。新股连续涨停，但总会有一天打开涨停板，也就是它的涨幅低于 10% 时，你就可以兑现，怎么卖出都由你自己决定。我在这里教给大家一个小方法，最好是在成交量开始放大时，你就要注意了。因为放巨量说明换手很大，换手大就有可能出现动荡了，这个时候你就可以考虑兑现。当然，也有人不愿意兑现，赌它继续涨，也可以这样做，这就要具体问题具体分析了。但是，一般而言，卖出的最好时机就是放巨量打开涨停板的时候。有时候成交量开始放大，却没有打开涨停板，原则上也是可以卖出的，如果担心第二天就马上会打开涨停板，那你可以先卖一半，或者选择落袋为安也是完全可行的。

3. 实战案例

如图 6–6 所示，新股上市第一天涨幅就是 44%，不开板不放量当然是持有了，然后连续 10 个交易日都是涨停，而且是无量涨停，等到第 11 个交易日的时候，我们发现开始出现放量了。如果你一直持有，等到出现放量的时候心里感觉有点捉摸不透，那就可以考虑先卖掉一半。

第二天，它仍然继续强势放量涨停了，但开盘没有涨停，这时也算开板了，那么你就可以考虑把剩余的全部卖掉。不要想着卖到最高点，哪怕它真的还有更高的点位，我们只要在相对的高位卖出就可以了。想要博弈它后面继续大涨需要更深入的研究，找到继续上涨的逻辑，那就是另外一回事了。图中所示的卖出位置就是一个阶段性的高点，再小幅冲了一下，后面就震荡回落，持续下跌。所以卖出的时候，你可以参考我刚才讲到的这些方法，对你最终盈利一定会有帮助。

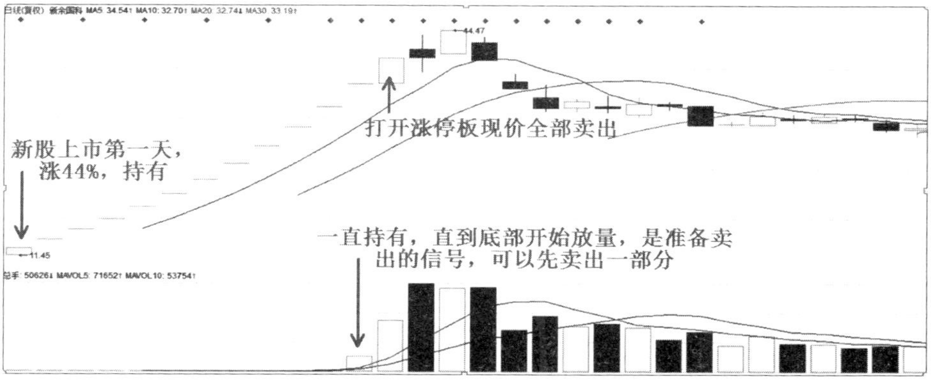

图 6–6　新股交易实战案例

本章小结

（1）打新股具有收益高、风险低的特点。

（2）中签后要及时认购缴费，否则会被暂时取消申购资格。

（3）在新股打开涨停板时卖出，会获取最大的收益。

（4）要合理分配打新配额。

（5）要坚持不懈地打新股，只要坚持，再结合一定的运气，新股中签的那一天迟早会到来。

第七章

科学定投股票型基金，以最低的风险赚最多的钱

学前须知：本章主要分享的是股票型基金相关知识及其定投的方式方法，以及需要注意的一些事项。做任何投资都要事先了解清楚，好好学习提升自我认知，然后才能更好地把握。

内容等级：★

一、股票型基金介绍

1. 定投股票型基金的优点

（1）摊薄成本。

为什么定投基金会摊薄成本呢？因为你在这个月投了 1 万元，下个月又投了 1 万元，而每一个月它的波动是不一样的，有时这个月是高点，有时下个月是低点，你不断地投，成本自然会被摊薄了。比如这个月是 15 元，下个月是 10 元，那么这两个月相加一平均，你的成本比起上个月直接一次性 15 元买入肯定要便宜。所以，不断地坚持定投，你的成本是能够起到摊薄的效果的。

（2）省时省力，手续简单，自动缴费，随时查询。

通过互联网去购买基金，本身手续就很简单，也就不用那么操心了。简单方便，自然就可以做到省时省力了。

（3）专业团队管理。

像一般的新手自己肯定不太专业，平时又要花很多时间做其他事情，自然也就没有太多精力去把握这个市场，也很难去把握好市场。现在有专业团队帮你去理财，那么就能有效地避免你自己操作不当带来的损失了。

2. 股票型基金的分类

股票基金主要分为两大类，一个是指数类的基金，另一个是行业 / 主题类的基金。

（1）指数类基金。

指数类基金是指以特定指数为标的的基金，我国目前有以上证 50 为标的的，有以沪深 300 为标的的，还有以创业板指数为标的的，等等。不同的指数其波动幅度是不一样的，比如，上证 50 相对幅度不会特别大，因为它都是一些大盘股，而创业板的幅度可能就会比较大一点，因为它们都是中小盘股。所以在选择投资的时候，也要对每一个指数型基金的特点有一定的认识，然后结合自己的状况去进行投资。

（2）行业 / 主题类基金。

行业 / 主题类基金是以行业板块和行业标的为对标物的基金，它的风险和收益较高。对于这类基金，首先要注重标的行业的发展情况。比如 5G 行业，如果你看好它的未来就可以投入，因为投资行业就是投资它的未来。投资这种行业 / 主题基金，避免了自己实际去参与这些行业带来的一系列风险。比如你看好大消费类，觉得消费升级了，你就可以去买大消费类的主题基金，后面你觉得又不看好了，就把它赎回买一些防御性的，比如黄金主题的也可以。行业 / 主题类的基金非常多，能满足各类人的需求，你也可以在不同阶段配置不同类型的主题基金。

3. 股票型基金投资注意要点

一是基金投资的行业。从图 7–1 中可以清楚地看到基金投资的一些行业，我们投资不同的行业，就要通过不同的行业去把握它的未来。

二是投资标的的比例和走势。投资基金比如同一个行业，通过它的标的的比例多少，能够感知其整体风格到底是如何的。如图 7–2 所示，格力电器是基金投资组合中占比最大的，那么这个基金的未来状况就和格力电器这些标的的波动息息相关了，说白了，它配置的就是以大消费为主题的一个基金。

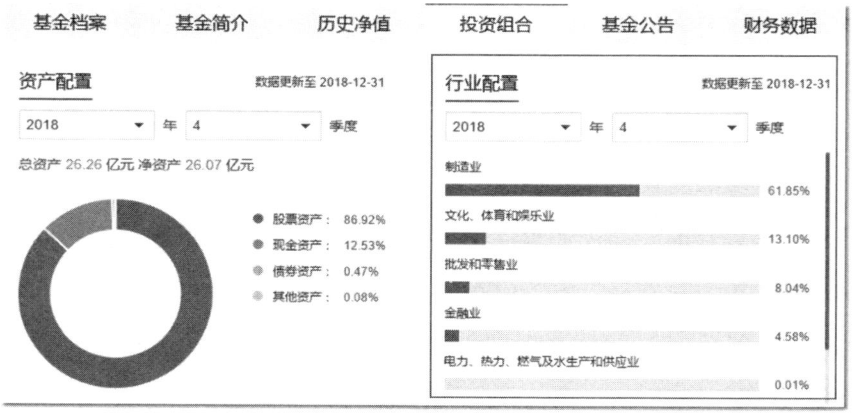

图 7–1　基金投资的行业

重仓股　2018 年 4 季度　数据更新至 2018-12-31

序号	股票代码	股票名称	持有量（万股）	市值（万元）	占净值比
1	000651	格力电器	680.10	24272.77	9.31%
2	603096	新经典	366.90	22645.17	8.69%
3	603345	安井食品	586.23	21573.21	8.28%
4	002032	苏泊尔	366.32	19231.88	7.38%
5	000895	双汇发展	772.26	18217.71	6.99%
6	000538	云南白药	229.09	16943.22	6.50%
7	000963	华东医药	484.03	12807.37	4.91%
8	600036	招商银行	472.58	11909.11	4.57%
9	300251	光线传媒	1512.95	11498.43	4.41%
10	600867	通化东宝	827.00	11495.29	4.41%

图 7–2　投资标的的比例和走势

我觉得定投基金是一个让你财富稳健增值的好方法，避免了你自己在市场里博弈时要寻找低点或高点。定投就是每个月不论是低点还是高点都买，每个月买 1 万元，选择与自己的风险承受能力相适应的一直定投。如果你的风险承受能力比较高，可以买创业板这种指数型基金，甚至可以买点主题类的基金，这些基金相对来说波动会大一些。如果对于未来你看好大消费，或者是5G，那么你就买这些相关行业的基金，未来这些板块真的炒起来的话，你的收益也会变得比较大。

记住我说的话，不论是买哪一种类型，你买的都是整个行业，而不是个股，所以你可以选择定投进行配置。定投能够让你最终获取它未来整个趋势的平均收益，这对很多人来说是非常适合的一种懒人理财方法。

二、定投组合与选择技巧

1.定投组合

（1）相对低风险的定投组合。

上证50指数型基金的波动比较小，以权重为主，较为稳定；传统消费类的行业基金每年都保持一定的增长，风险也是比较低的。比如茅台，它从上市以来到现在基本都是一路上涨，所以，如果买了这些消费类的基金，有这些白酒和其他行业的一些大蓝筹的组合，相对来说你的抗风险能力就会比较强，而且未来的整个机会也会稳中求进。

我的配置建议是，因为上证50是标配的，可以选择八成，结合你自己的情况，剩下两成就配置刚才所说的消费类的行业基金，比如白酒、医药等。当然，你也可以采取三七分成配置，或者是选择其他的组合，这需要你结合自身状况以及你的风险承受能力，最终做出适合自己的一种配置方案。

（2）相对中风险的定投组合。

相对中风险的定投组合，就指数来说，首先选择沪深 300 和创业板指数基金，因为它们由中小盘构成，波动比较大。其次就是选择证券、军工、消费升级类的基金，它们的确定性也比较高，如果真的有一波大行情来的话，那么受益的肯定是证券，包括消费类的这些也会受益，所以我认为这是一个确定性比较高的配置组合。

我的配置建议是，指数类和主题类各一半。刚才低风险的配置，我们以指数类为主，占到接近八成，到了这里指数类就降到五成，那么另外五成就配置主题类的基金。这是我认为比较适合具有中等风险承受能力的人群去做的一个配置组合。这种方式整体来说也属于定投，懒人投资法。比如，每个月拿出 2 万元，用 1 万元买沪深 300 或者创业板的基金定投，另外 1 万元就买点证券、消费升级类的基金，每个月坚持定投，如果真的有一波行情来了，你就能获取中等水平的收益机会，当然你也要承担中等水平的风险。

如果不能接受 30% 以上的这种回撤，那你就最好去选择一些低风险的定投组合。这是衡量你的风险承受能力有多强，并最终选择适合你的基金投资方法的一种最简单的衡量标准。30 个点以上不能承受，那么你就选择低风险的组合；30 个点以上能够承受，那么你就选择中风险或者高风险的组合。

（3）相对高风险的定投组合。

相对高风险的定投组合，一种是行业类的基金配置，可以配置不同行业的基金来分散风险，还有一种则是更偏重主题类的基金配置，像 5G、芯片、新能源等，需要承受更高的风险。

我的建议是可以配置一些大消费类的，如果激进一点的，就直接配置 5G、芯片、新能源这些成长性的新兴产业。但是，既然是相对高风险的组合，那么放到篮子里的鸡蛋就要保持适中。举例来说，你有 10 万元，如果分散成 10 个基金，即使有一只基金跑出来，比如一年翻一倍，对总资金的贡献也就 10 个点。但如果你比较激进，就看好一只 5G 基金并且把 10 万元全投进去，5G 一旦爆发翻一倍，那你的收益也会翻番。这种做法相对来说机会大，风险也大。

我给大家的建议就是，如果选择承担高风险，那你就要采取相对集中的策略，投资的主题基金不能超过三个。其实这与操作股票也是类似的，你的风险承受能力比较高的话，手里所持的股票就最好不要超过三只。如果太分散，就变成中风险或者是低风险的模式了。当然，你还是要学习懒人投资法，即每个月坚持定投。

2. 基金选择技巧

（1）指数类基金的选择技巧。

指数类基金的选择技巧，就是要看清是增强型基金还是普通的追踪指数基金。增强型的基金会有一定的资金在股票标的上面，风险相对会比较大。所以你要根据自己的风险承受能力，选择不同类型的指数型基金。前面谈过，上证 50 指数基金主要是大盘股，它的波动比较小，应是风险承受力比较弱的人的首选。如果风险承受力比较高，可以选择沪深 300 或创业板指数基金，它们的波动都比较大。总之，不同的指数基金，它的波动幅度不同，要结合自己的风险承受能力去做出选择。

（2）行业 / 主题类基金的选择技巧。

第一，选择行业 / 主题基金，必须要评估基金的操盘团队、基金经理过往业绩和回避风险的能力。说白了就是要看看它过去怎么样，当然，过去并不能完全代表未来，但是至少要感知一下它有哪些辉煌的时刻、有哪些失败的案例，从而更直观地去了解该团队。

第二，要评估基金对标的行业当下经济效益是否良好，能否稳定增长。如果你买了周期性行业的基金，比如钢铁，但整个钢铁市场都没行情，你想在这里获取大的收益也不现实。相反，如果你买了 5G 行业的基金，哪怕这个操作团队差一点，但是 5G 行业里面好的个股已经涨了 10 倍，差的个股也涨了一倍，那么，这个基金再怎么差也至少有一倍的收益。所以，在这个时候选择团队就不是很重要了，而选择行业却非常重要。当然，团队如果也比较厉害的话，那可能收益就会更高一些。所以，我觉得第二点可能有时候比第一点更重要。

第三，购买主题类基金，要评估其未来的发展潜力。就好像买股票一样，买的都是未来。比如你现在买的是 5G 也好，是芯片也罢，其实买的就是未来。这就需要你自己去判断它的宏观未来了。

第四，要评估投资的细分个股是否符合你的个人风险偏好，是稳健的还是激进的。也就是说，要通过这个基金的持仓组合，去感知它是属于稳健型还是激进型。稳健型的可能会侧重配置一些中大盘股，激进的可能会侧重配置一些中小盘股，这些都很容易从持仓的个股状况得出一些结论。如果是既看好 5G，风险偏好又比较高的话，当然就可以侧重做中小盘个股的基金组合了。

三、定投注意事项与误区

1. 定投注意事项

（1）基金界面图。

如图 7–3 所示，左边是购买现价，右边是最近收益率，类型与风险也都有标注，一般还标注有历史涨跌走势图，这就是基金的界面。这个图中的走势图还是不错的，强势上行，如果买到这种基金，强者恒强，趋势会非常不错。当你想要买入的时候，可以直接点购买按钮，如果选定投就点定投按钮买入，交易模式非常简便。

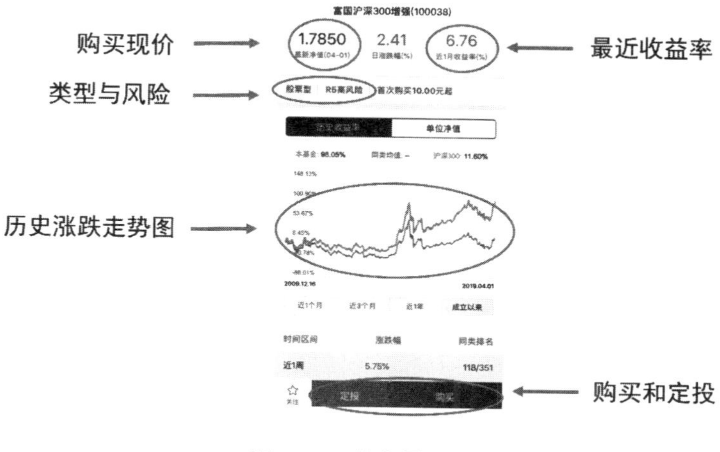

图 7–3　基金界面图

（2）定投模式。

如果采取定投模式，起始资本中把短期不用的大额存款放进去就行了，然后每月的闲钱也可以放进去定投。坚持是胜利的一个重要因素，定投至少要坚持 2 ~ 3 年，千万不要像炒短线一样，这个月买进去下个月就出来，这样你很难赚到钱，至少来说赚不了大钱。

举个比较极端的例子，假设你在腾讯刚上市时买入 50 万元，如果长期持有的话，到现在你可能至少已经有一个多亿了。这也说明了长期持有的重要性，如果玩对了，投资的基金很好，那最终的回报是非常惊人的。

（3）指数类基金的定投时间。

指数类基金要选择在市场点位相对低的时候进行定投，千万不要追求买在最低、卖在最高，这是不现实的。同时，还要设置好自己心目中的盈利线，最好每周 / 每月定投一次。

（4）行业 / 主题类基金的定投要点。

第一，从当下随时就可以定投，不用择时，因为不是指数，只要觉得行业好就可以去做。

第二，要选择每年都有增长的行业。

第三，最好定投 2 ~ 3 个行业。

第四，行业 / 主题类基金的波动比指数基金大，所以要保持耐心，不要跌了 10 个点就受不了，或者涨了 20 个点就觉得很多。既然你买的是这类基金，格局就要放大一点，眼光就要放长远一点。

第五，设定好止盈位置。大幅盈利后要考虑做一个卖出的策略，或者是换一些其他主题性的基金，比如主题性基金涨了一两倍，然后就换到那些你看好的下一个行业，这都是可以的，这叫轮动，也叫转换策略。

（5）如何判断基金团队好坏。

判断基金团队的好与坏，一方面要看过往业绩是否稳步增长，这个行业口碑是否良好，另一方面千万不要太过相信基金排名。有些时候基金现在的阶段性收益最好，反过来暗藏的风险可能也不小，因为基金阶段性收益最好，也就意味着这个基金的弹性比较大，就好比一只股票，阶段性涨幅最厉害是很好，但是一旦动荡的时候，它回撤的幅度也会比较大，所以不要过多地迷信。当然，如果你是属于那种风险承受能力比较强的，也可以去跟随这种基金收益比较好的品种。

（6）定期查询。

买入基金要定期查询，要看看有没有更换基金管理人、业绩有没有大幅跑输行业指数等。如果观察 3～6 个月都没问题的话，你就持续持有，发现了一个好的基金，可以对它长期投资，也就是与它共成长。如果在这几个月内发现它不怎么涨或者比较差，那就要考虑赎回。我说的 3～6 个月是最短的时间，有些时候你也可以放长一些，甚至用一年的时间去感受一下，如果好的话就长期定投和它一起成长，哪怕拿在手里五年十年都可以。我看过一些数据报告，买到一个好的基金，五年十年后给你的回报，完全可以达到五倍、十倍甚至更多。

（7）建立良好心态。

一是要坚持定投，因为长期投资才更能发挥复利的效果。二是要保持平常心。小幅回撤很正常，如果只是小幅回撤，还没有大幅盈利，千万不要赎回，要有格局，不要赚 5 个点、10 个点就跑了。有些时候可以等涨到一倍、两倍的时候，才考虑做一个止盈的动作。

2. 定投的主要误区

一是不能接受短期波动。因为定投买的是中长期，短期波动很正常，不用太在意。

二是过分关注或完全不管所持基金，这也是不对的。可以给它一段考核期，实在不行再换。

三是不了解基金团队的情况就下定投。了解相关情况之后再去做定投，成功的概率才会比较大，否则就像盲人摸象一样，闭着眼睛投，最终很有可能是错的，甚至还会亏损。

四是不了解基金的投资内容和基金合约。一定要了解它到底是什么类型的、有没有锁定期等，这些你都了解了，接下来出现极端情况时才知道应该如何去应对。

五是没有通过正规渠道购买。一般来说，通过银行网点或者是网上的一些正规网站，用支付宝就可以购买基金，千万不要在不正规的渠道购买，很容易被坑。

六是大幅盈利后不及时止盈。说白了，盈利时，特别是盈利幅度特别大的时候，因为你一直在定投，所以可以考虑先把其中一部分落袋为安，然后再做其他一些行业主题类基金的定投，或者是指数类基金的定投等。也就是说，到了一定阶段后需要做一定的调整。

本章小结

（1）基金定投是比较适合普通投资者的投资方式。

（2）股票型基金主要分为指数类基金与行业 / 主题类基金。

（3）买基金一定要清楚基金的情况，比如历史收益、风险等级等，然后结合自身的情况去做一些投资策略。

（4）合理组合，坚持定投，放松心态，持续跟踪，买到好的就可以收益无限。

做定投，只要了解清楚各种不同的基金类型，用比较放松的心态去面对，学会坚持，最终在这个领域你就能够收获到很多。如果你能跟上一波好的行情，那么这个收益就会远远超出你的想象。

第八章

解读国债逆回购，挖掘少有人知的投资方式

学前须知：本章主要分享的是国债逆回购，这是一种无风险低收益的投资方式，当你的股票账户中有剩余的空闲资金时，便可以选择该方式来增加资金的利用率。

内容等级：★

一、国债逆回购介绍

什么是国债逆回购？我相信很多新手可能对这一点并不太清晰。其实，国债逆回购就是一种短期贷款，在股票账户中将资金通过国债回购市场拆出，以约定的利率出借资金，并在约定时间收回本钱和利息。

说白了，就是你把钱借出去时先约定好利息，而这个利息是有波动的，然后按约定时间收回本钱和利息。国债逆回购就是这样的一个逻辑。期初投资者把钱借给借款人，借款人就把手上的国债质押给投资者，到期后，借款人还给投资者本钱和利息，然后投资者把质押的国债还给借款人，就是这样一种等物交换的方式。

1. 国债逆回购的四大优点

第一，安全性高，基本上是属于无风险的收益。国债，顾名思义就是国家债券，有国家作为背书，基本上是没什么风险的，其安全性高就来源于此。

第二，操作方便。网上一键交易，收益自动到账，非常便捷。

第三，流动性好。比如，你在今天收盘之前借出国债逆回购 1 天，其实明天早上资金就到账了，到账之后你就可以去交易股票，这不会影响到其他的一些交易，流动性就体现在这里。

第四，手续费低。手续费最低是成交金额的 0.001%，基本上可以忽略不计，那么就等于是你约定好多少收益就可以得到多少。

2. 国债逆回购的三大特性

第一是认购品种，沪市 204 开头，深市 1318 开头，二者的认购要求不同。

第二是借出时长，最短可以借出 1 天，最长可以借出 182 天。

第三是利率的大小。国债逆回购利率比同期银行存款要高，近期收益率会更高，尤其是有些 1 天期的国债逆回购起起伏伏，无非就是择时，然后选择合适的利息借出去成交就行了。

3. 国债逆回购手续费用

手续费是根据操作的天数计算。像上交所的 1 天期国债逆回购，手续费是成交金额的 0.001%，也就是 1 天 10 万元收取 1 元手续费，非常便宜。当然，国债逆回购品种有很多，只是时间不同而已。比如，上交所常用回购品种是 204 开头，204 后面的 01 就代表 1 天，02 代表 2 天，03 代表 3 天，…，28 代表 28 天，这个数字就代表了天数。你可以根据自己的需求选择不同的国债逆回购进行交易，不同的国债逆回购交易手续费稍微有一点差别，一般而言，选择时间越长，手续费当然就收得略高一点，就是这样的一个交易逻辑。

4. 国债逆回购的投资条件

想要投资国债逆回购，首先需要开通国债逆回购功能，可以联系自己所在的券商的客服人员或者去营业部直接开通。其次就是投资账户的余额，要达到最低资金或最低资金的整倍数。沪市国债逆回购是要求 10 万元起的，就是说你要有一定的资金量，而深市国债逆回购 1000 元就可以，所以小散也可以玩，只要达到最低要求就能进行交易了。

5. 投资操作

第一步，选择合适的种类，是做 1 天、2 天、3 天还是更长时间的。

第二步，设置借出金额，也就是你打算借出多少钱去换这个国债。

第三步，确认信息，点击借出，这些在软件上显示得都很明白，只要照着操作即可。

第四步，到期后自动归还本金与利息。需要强调的是，比如做 1 天逆回购，则在 T+1 日（明天）资金可用，你可以用它来进行股票交易或逆回购操作，因为资金已经到你的账户上了。但如果你想提取这笔钱，就要等到 T+2 日（后天）才能操作。

二、如何合理投资使收益最大

国债逆回购如何合理投资使收益最大呢?

第一，选择最佳时机，获取最大的盈利。最佳时机一般是在月末或长假前，因为这个时候资金比较紧张，利息自然就水涨船高，短期国债逆回购的收益率会飙升，借出的收益就会更大。

第二，选好购买时间，预设首次清算日，尽量在当周或假期前最后的工作日。回购到期为非工作日的，回购清算日顺延到第一个开市日，但客户利息按回购品种规定的天数计算，这样做可以让你的收益最大化。具体怎么理解呢？我借下面的案例来剖析一下，如图 8–1 所示。

2018年9月26日（周三）				
回购代码	回购天数	实际占款天数（计几天利息）	资金可用日	资金可取日
204001/131810	1天期	1	9月27日	9月28日
204002/131811	2天期	11	9月28日	10月8日
204003/131800	3天期	12	10月8日	10月9日
204004/131809	4天期	12	10月8日	10月9日
204007/131801	7天期	12	10月8日	10月9日

案例一：如果周三（9月26日）操作1天的逆回购，资金周四（27日）可用，周五（28日）可取，国庆假期没有收到利息收益。

2018年9月27日（周四）				
回购代码	回购天数	实际占款天数（计几天利息）	资金可用日	资金可取日
204001/131810	1天期	10	9月28日	10月8日
204002/131811	2天期	11	10月8日	10月9日
204003/131800	3天期	11	10月8日	10月9日
204004/131809	4天期	11	10月8日	10月9日
204007/131801	7天期	11	10月8日	10月9日

案例二：如果周四（9月27日）操作1天的逆回购，资金周五（28日）可用，10月8日可取，中间可享受10天利息。

图 8–1　案例指导

从图 8–1 所示的案例可以看到，时间分别是 2018 年 9 月 26 日和 9 月 27 日，一个是周三,一个是周四，这两天做国债逆回购的结果是不一样的。如果周三去操作 1 天期逆回购,则资金到周四可用、到周五可取，而国庆假期是没有利息收益的，因为你在周五就可以取出来了。

但是，如果在周四买的话，资金在周五就可用了，周六要清算，但清算时间变成假期了，这样就要顺延到 10 月 8 日。换言之，假期期间也就是清算期间，其实你是可以享受 10 天利息的。所以，周三买和周四买，其差别就在于周四可以享受 10 天利息，这样收益肯定会更高。

三、国债逆回购投资误区

第一，在假期最后一个交易日购买。放假期间是不算利息的，所以在最后一天买是很不合适的，你要在倒数第二天买才行。

第二，购买收益率低于 4.5% 的国债逆回购。因为大部分银行理财收益率都在 4.5% 以上，而且不需要手续费，所以不建议购买收益率太低的国债逆回购。

第三，认为国债逆回购投资有风险。国债逆回购是短期稳健理财品种，赚的钱不多，但是安全性高，基本上没有风险，至少比短期的银行活期利息高，同时也比一般的定期利息高。所以，对于喜欢获取稳定的、安全性高的、预期不高的收益率的投资者来说，是特别适合做国债逆回购的。

本章小结

（1）国债逆回购是一种安全且有较好收益的理财方式。

（2）上交所和深交所都有国债逆回购品种，认购起点分别为 10 万元和 1000 元。

（3）每年的月末或者长假前，国债逆回购的收益率都会飙升，可以在准确的时间准备好闲置资金投资。但前提是你要有闲置的资金，然后在那个节点去投一把，短期收益还是很可观的，所以这也是一种不错的理财方式。

第九章

慧眼识牛熊
——揭示牛熊市规律

学前须知：本章主要是教你认识市场的本质。凡事都有一个循序渐进的过程，要从浅慢慢入深，从基本认知到慢慢地看透其本质。请跟随我的步伐，一起来更好地感知资本市场的魅力。

内容等级：★★

一、认识牛熊

1. 牛市与熊市

牛市就是买入的比卖出的多，熊市就是卖出的比买入的多。简单来说，一个是买多卖少，一个是卖多买少，应该很好理解。

2. 影响市场牛或熊的两大因素

影响市场牛或熊的两大因素，第一个当然是基本面了。所以很多时候市场牛不牛，就看我们的整个经济形势，经济的发展好坏会影响投资者的心态。这就是我们后面要着重谈到的基本面，当然这个基本面其实更多的是指未来的基本面，也就是未来经济是怎么样一个情况，或者未来这个公司会是怎么样一个情况，这是影响市场最终牛还是不牛的很关键的因素。

第二个就是资金面了。除了企业本身以外，还需要有推动的力量，也就是资金的力量。资金越多，那么它就可能涨得越厉害；资金越少，当然它就不会涨得那么厉害，或者会往下跌了。所以，资金涌入股市，赋予了上涨的动力。

3. 为什么牛熊会交替出现

为什么牛熊会交替出现呢？

一是因为资金具有流动性。就好像炒股票一样，资金涌到一个板块，它就会暴涨，而资金一流出，它肯定又会面临下跌。所以，牛的时候资金是涌入的，熊的时候资金是涌出的，这就是资金的流动性。

二是取决于投资者的情绪。投资者的心理是随着市场的波动而波动的，资金流入，行情见好，情绪高涨，那么自然会形成牛市；资金流出，行情下跌，情绪也会低落，那么自然慢慢地就变成熊市了。

三是取决于市场的情绪。市场经济好的时候，情绪饱满，会吸引越来越多的资金进场，自然就会助推牛市。反过来，市场经济低迷，这种萎靡的情绪也会感染到整个市场，资金流出或者投资者离场的情况就会越来越多，自然也就变成熊市了。

二、解密牛熊周期与特征

1.A 股市场上的牛熊交替

如图 9–1 所示，A 股历史上的牛熊交替，可以看得很清楚。图中的红色（深色）箭头代表牛市，绿色（浅色）箭头代表熊市，起、落、大起、大落、起、落……每一次回落都在酝酿着新的开始。市场就是这样交替演绎，历史反复上演。

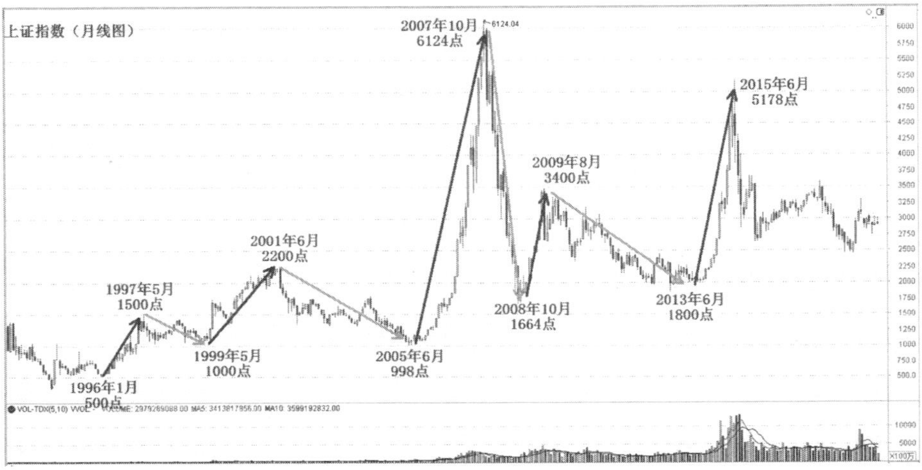

图 9-1　A 股历史上的牛熊交替

2. 指数变化归纳总结

我们对图 9-1 中的指数变化做了一个归纳总结。其中，有五次指数出现翻倍的牛市行情，其中有两次牛市运行时间是一年，有三次牛市运行时间是两年。然后是四次交替对应的熊市行情，其中有一次熊市运行时间是一年，有两次熊市运行时间是四年，还有一次是两年。你会发现，其实整个市场熊的时间相对长一点，牛短熊长。

当然，市场也是在不断演绎的，都会不断地创造历史。新的市场、新的牛市有可能会打破过去的规律，也就是说，下一波牛市有可能会打破过去最长两年时间的规律。一旦打破，我们就可能会走出一个长期牛市，三年甚至更长时间，比肩美国过去的十几年的大牛市，我觉得我们的未来发展应该是会往这个方向去的，所以一定要抱着坚定的信心。

3. 判断牛熊现状——深沪 A 股市盈率走势图

再看一下牛熊现状——深沪 A 股指数市盈率走势图。2019 年 4 月，上证指数市盈率为 16 倍，深圳 A 股市盈率约为 26 倍，市盈率的走势呈现如图 9–2 所示的曲线波动，当时处在历史的相对低位。

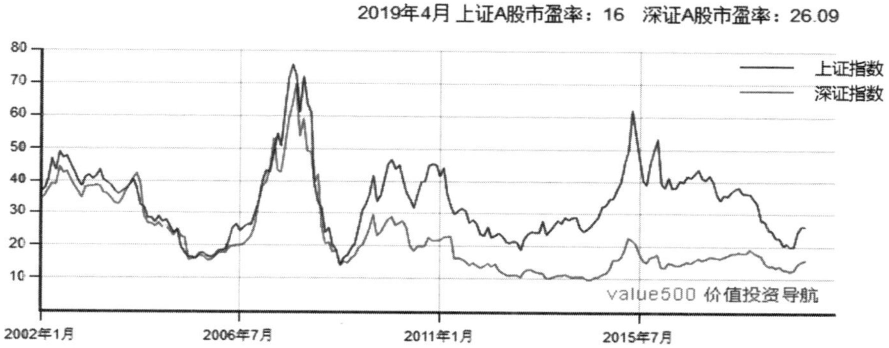

图 9–2 深沪 A 股市盈率走势图

4. 如何判断 A 股的顶部和底部

A 股在历史上的市盈率分布：顶部区域是在 60 ~ 75 的区间，底部区域是在 10 ~ 15 的区间。

很多人可能不太了解什么是市盈率，市盈率也称本益比，也就是股价收益比例或者市价盈利比率，是最常用来评价股价水平是否合理的指标之一。通俗来讲，市盈率就是用股价除以年化收益，比如说股价是 50 元，一年每股收益 1 元，那么它的市盈率就是 50 倍。

5.A 股历史上牛市的启动逻辑

A 股历史上牛市的启动逻辑，我们也梳理了一下。

一是1996—1997年的时候，流动性增强，增量资金来源于新基金大量发行，是靠基金推动的。

二是1999—2001年，允许三类企业入市，证券开户人数暴增，这也是新增资金。

三是2005—2007年，基本面、流动性、政策面的叠加驱动都很好，同时基金也是爆炸性增长，加上线上交易的普及，所以那时候爆发了波澜壮阔的大牛市，直接从1000点涨到最多6124点，可以说是目前以来最大的一波牛市了。

四是2008年10月—2009年8月，流动性增强，增量资金来源于新基金大量发行。在多重因素的影响下，再加上增量资金，又引爆了一波大牛市。所以，一波长期大牛市或者超级大牛市，一定也是源于多方的合力，历史规律就是这样告诉我们的。

五是2014—2015年，大众创业、万众创新，有很多基本面的点，同时结合资金增量，使得这波行情也很不错。由于这个资金是杠杆资金，所以行情来得快去得也快，一波迅速上涨，到达5000多点戛然而止。

A股历史每一波行情的启动逻辑，也导致了每一波行情的演绎方式和结果都不尽相同，好好地感知，你会明白这个市场其实就是如此。

6. 新牛市的启动逻辑

第一，有很多增量资金。比如地产资金，因为地产的黄金时期已经过去了，未来地产相关的资金会更多地涌入股市。还有保险性质的资金，以及海外资金，这是非常大的一个增量。过去还没有那么多海外资金，未来中国的A股市场要国际化，甚至要超越华尔街，这将是相当庞大的一股力量。

第二，有新一轮大杠杆。因为个股期权、指数期权这些都已经开始登场，这个杠杆在未来会不断地发展壮大，比起过去的杠杆要来得更猛烈，而且它是制度性的衍生品，所以会助推市场，引爆更大的未来。

第三，流动性驱动＋基本面复苏＋改革创新。这就是多重合力的影响了。基本面我们会有复苏，改革也涉及上涨的动力，还有就是创新，这些都会在新的一轮牛市体现出来。

三、牛熊投资的误区

1. 误区一：认为牛市赚钱很容易

其实，牛市赚钱一样不容易。我曾经说过，如果你的心态没调整好，没有意识到牛市的来临，缺少提前布局，被漫天的消息扰乱思维，导致频繁操作，追涨杀跌，哪怕股指上万点，你依然是亏钱的，也依然还是散户。因为牛市当中也会分化，未来新牛市是结构化的，是注册制下的新牛市，必然会导致有些差的公司退市，好的公司则越来越强，更加强调了专业度，但同时也意味着风险无处不在。所以，牛市很容易赚钱的观点是不对的。

2. 误区二：过度害怕熊市

熊市真的有那么可怕吗？过度害怕熊市也没有必要！2007 年 10 月 16 日的上证指数高位 6124 点，到 2018 年末，指数跌了 50% 以上，但市场还是有一些能赚钱的股票的，而且比例也不少，收益超过 50% 的股票占了 28%，有 18% 的股票还翻倍了。所以，我想要说的是，很多时候熊市并没有你想象的那么可怕。

3. 误区三：太在乎股市未来的涨跌

想赚大钱，一定要有一个好的心态，不能患得患失。你越在乎，你最终越赚不了钱，真正赚大钱的人都是有大格局的，高度决定了未来。所以，不要太在乎股市未来的涨跌，巴菲特就是长期持有，做的是一个长期的未来，最终他的成绩大家都看得到。你要记得，机会永远是跌出来的，风险永远是涨出来的。

本章小结

（1）牛市与熊市是对过去行情走势得出的结论。

（2）每一波牛市的发动除了时间周期足够之外，还需要实质的基本面、政策面、资金面等去推动。

（3）在牛市中，赚钱确实比熊市要容易，但不代表不会亏钱。

（4）投资要回归本质，在相对低位买入低估、合理、有前景的品种，那么未来一旦它持续成长的话，你的收获绝对是惊人的。

第十章

解析全球三大股市，掌握股市特点，挖掘共性与区别

学前须知：本章主要是分享全球三大股市——A股、港股和美股之间的共性、区别和联动性。了解了这些，才能更好地认清不同股市的本质。

内容等级：★

一、三大股市的特点

1.A 股的特点

第一，由政策面主导。A 股是个政策市，很多时候有什么样的政策就会带来什么样的行情，这是我们由政策面主导的 A 股的特点。

第二，投资者以散户为主。A 股市场大部分都是个人投资者，而且大多数个人投资者持股市值不超过 10 万元，所以是以散户为主。

第三，流动性很好。因为 A 股市场是以散户为主，经常做短线，高抛低吸，所以流动性比较好。从某种意义上来说，A 股市场是全球流动性最好的市场，因为我们散户的群体足够大。

A 股中有几个高市值的标杆股，工商银行、贵州茅台、中国平安、万科 A，这 4 个个股，其实都是大家平时生活中能接触到的公司，它们在 A 股上市，市值很高，属于 A 股的标杆。

2. 港股的特点

第一，由宏观经济面主导。它与 A 股的政策面主导是有差异性的，港股更多的是看宏观的经济面。

第二，投资者以机构为主。这一点和 A 股也有很大的差异，A 股主要是散户个人投资者，港股则是以机构大资金为主。

第三，大部分个股流动性不强。这一点与 A 股有着很显著的差异。因为港股是以机构为主导，不喜欢高抛低吸，也不喜欢频繁地做交易，很多时候有些个股只要机构买进去，它也不怎么操作，做一个大的波段，所以流动性不是很强。

港股的高市值标杆股像腾讯控股、恒生银行、港铁公司，都是大家耳熟能详的一些公司，是港股的典型代表。

3. 美股的特点

第一，由宏观经济面主导。

第二，投资者以机构为主。

第三，科技类公司市值较高。

美股和港股的前两个特点是完全一致的，而第三个特点，美股中科技类的公司市值比较高，这是区别于港股和 A 股的一个很重要的特征。所以，美股大部分是科技类的成长性的上市公司，其高市值的标杆股很多都是科技股，比如微软、苹果、亚马逊、谷歌等。

A 股市场之所以推出科创板，其实就是要提升科技类公司市值的比重，这是 A 股开始慢慢地融入国际或者是追赶美股的一个战略部署。我们要看到未来的这种趋势，但与此同时，也要看到当下这三大股市之间的相同点和不同点。A 股正在向这两个市场迈进的路上，未来会有很大的成长空间。

二、三大股市的差异

1. 交易机制与时间的差异

A 股市场的交易机制是 T+1，也就是今天买明天才能卖，涨跌幅（限制）是 10%，每日交易时间是 4 个小时。

港股市场的交易机制是 T+0，没有涨跌幅限制，每日交易时间是 6.5 个小时。

美股市场的交易机制也是 T+0，没有涨跌幅限制，每日交易时间是 7.5 个小时。

2. 投资者行为差异

A 股市场中的散户较多，追求高收益，短线投机比重较大，中小盘股成交很活跃，所以 A 股是全球流动性最强的市场。

港股市场中的机构比较多，大部分都配置大蓝筹，而且配置比重通常会占到 80% 以上，其他交投活跃度不高，这也是机构投资的主要特征。

美股市场与港股类似，机构较多，大部分追求的是稳定的收益率，以价值投资为主，所以凡是符合价值投资的、符合机构胃口的，这些个股交易就比较活跃，凡是不符合的就可能被边缘化，有些比较差的甚至会迎来退市。

这就是不同的投资者主体带来的市场影响差异，当然，它与市场本身的运行机制、制度等也息息相关。A 股在慢慢地不断蜕变，未来应该也会有很多惊喜给到我们。

3. 价值偏好的差异

A 股是中小盘股，白马消费类估值溢价比较高，这是它的一个典型特点。

港股则恰恰相反，超大盘股估值溢价比较高，它占的指数比重也比较大，超过 60%。同样是金融股，比如银行股，可能港股会更贵，A 股更便宜，就是因为港股大盘股估值溢价比较高。但是，也有些小盘股在港股更便宜，在 A 股会更贵，所以不同的地区它的估值体系还是有差异的。

美股是以科技为主，所以溢价比较高的就是科技股，其他类别的估值溢价特点介于 A 股和港股之间。

很多人会奇怪，为什么不同的区域它的估值体系会有差异？其实很简单，就像买菜一样，不同的区域，物价水平肯定是不一样的。上市公司也是如此，它本身也是商品，在不同的区域，它也会呈现不同的估值体系。一定要理解不同市场的估值偏好，这样我们就能够在投资这些市场时做到入乡随俗了。

三、三大股市的联动性

1.A 股与港股、美股走势存在联动性

数据显示，A 股与港股以及美股的走势是存在联动性的（见图 10–1）。美股暴涨，可能会带动港股，甚至也能带动 A 股，虽然不能够说完全同步，但是很多时候是能够基本同步的。这就说明，不管是全球的经济还是全球的资本市场，在某种意义上来说是能够相通的，或者是相互影响的。

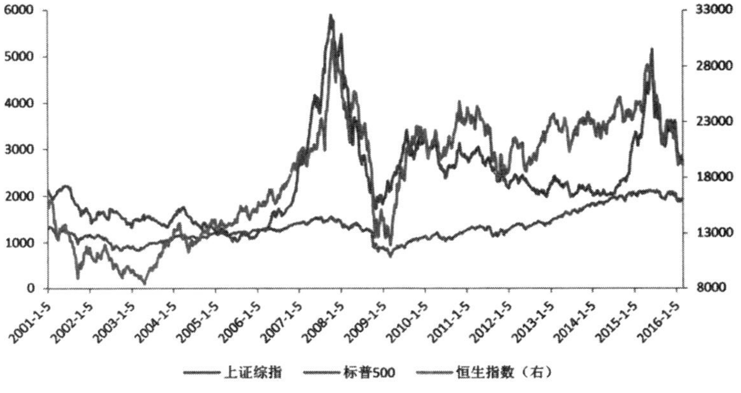

图 10–1　A 股与港股、美股走势联动性示意图

2. 创业板指数与纳斯达克指数存在联动性

创业板指数与纳斯达克指数也存在联动性（见图 10–2）。纳斯达克指数在美国是代表一些科技类、成长类的上市公司股票，创业板指数在 A 股市场也是代表这种类型的一些上市公司股票。你会发现，从开始到现在，创业板指数与纳斯达克指数之间是息息相关的，因为它们的方向都相似。

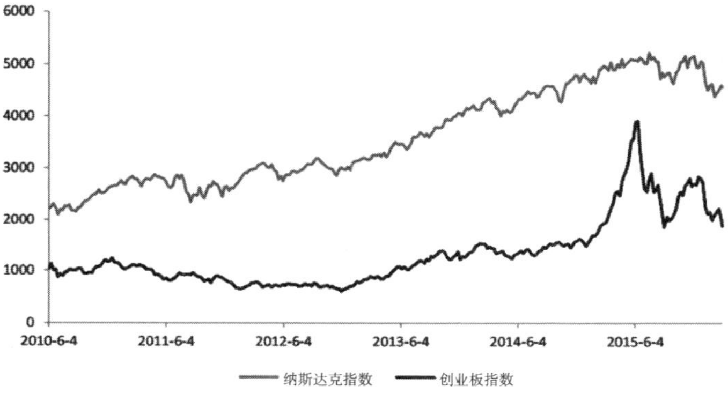

图 10–2　创业板指数与纳斯达克指数联动性示意图

本章小结

A 股以散户投资者为主，未来 3～5 年我觉得还是会保持这样的态势。港股和美股是以机构投资者为主，这是与散户投资者截然不同的投资主体。未来 A 股也会不断地引进更多的机构投资者，所以未来的趋势是散户可能会减少，机构会慢慢地增多。但是不管如何，未来中国 A 股市场还是全球流动性最强的市场。

在估值溢价上，A 股偏好消费白马，港股偏好超大盘股，美股偏好科技股，这是不同的市场的估值偏好。

A 股、港股、美股三地指数存在一定的联动性，出现大幅波动时必然有所联动。举例来说，从历史上来看，A 股有三个长时期震荡市，分别是 2002 年 1 月—2005 年 12 月，2009 年 8 月—2014 年 7 月，2016 年 2 月—2018 年 8 月。第一次震荡市，三地股市走势关联度较大，而后面两次震荡市，沪指与港股的走势关联度较大，而美股继续走牛。总体而言，港股和 A 股的关联度比港股和美股的关联度要更高一些。

第十一章

炒股行情搜索术：快速掌握多方最新信息

学前须知：本章主要分享的是学习炒股所需要的一些工具，学会应用这些工具，对你把握市场会有很大帮助。

内容等级：★★

看行情，一定要学会看一些基本的信息。通过多种不同的角度，去搜索到一些不同的信息，然后做出一个综合的评估，从而帮助你做出相关的决策。

一、行情交易类

对于新手而言，行情软件一般使用同花顺和东方财富就可以了，可在自己所属券商的官方网站或手机商城下载。

行情软件界面非常简单，比较直白。如图 11–1 所示，左上方是分时波动，

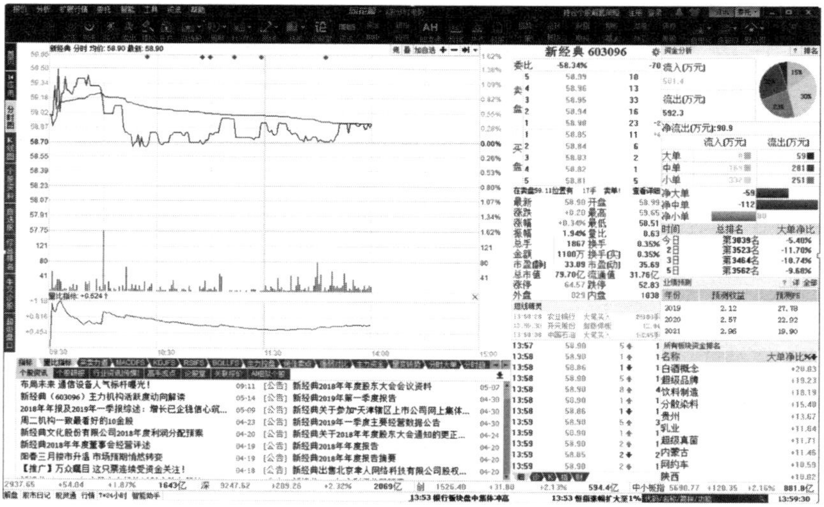

图 11–1　行情软件界面（同花顺）

可以看到行情价格波动，左下方是相关的一些资讯，相邻靠右的就是分时交易的每一笔成交情况，再往右边也是一些相关资料，整体看上去一目了然。

接下来，我们再把行情软件拆分来看一下。

1. 分时图

如图 11–2 所示，分时图开始波动前，也就是开盘前是集合竞价走势，然后分时开始波动，白线部分是交易时间内的价格走势，黄线部分是均价线走势。通俗来说，黄线是平均价格，白线是交易价格，就这么简单。股价围绕着均价线在波动，图 11–2 中的个股最后站在均价上，还是比较强的。

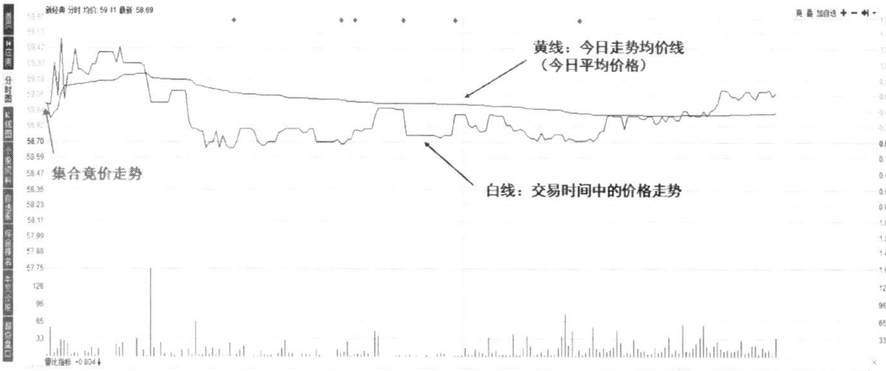

图 11–2　分时图

2.K 线图

每一只股票都会有其相应的 K 线图。如图 11–3 所示的是日线图，周围缠绕的是均线系统，清晰明了，很容易理解。里面的白线是 5 日均线，黄线是 10 日均线，紫线是 20 日均线，绿线是 30 日均线，蓝线是 60 日均线（可对应所用软件中的 K 线图理解，书中均为黑白示意图，仅供参考）。这些颜色可以根据个人喜好自己更改，但缠绕在一起的各种不同颜色的线，都有它相对应的均线，这是我们需要掌握的技术分析工具之一。

均线纠缠在一起，如果它呈现“下发散”，则行情趋势可能会下跌，如果它呈现“上发散”，那么空间也有可能会就此打开，因为价格是围绕着均线上下波动的。我们再看图 11–3 下面的柱状，它代表的是成交量。成交量也有两根线，白线是 5 日成交均线，黄线是 10 日成交均线，反映每日成交量的波动情况。成交量本质上是说明市场的活跃度和资金的规模，所以我们看图的时候不仅要看 K 线图，也要看成交量的均线，结合不同的均线特征，你大概就会知道这只个股目前运行在什么状态，有利于你判断接下来的走势。

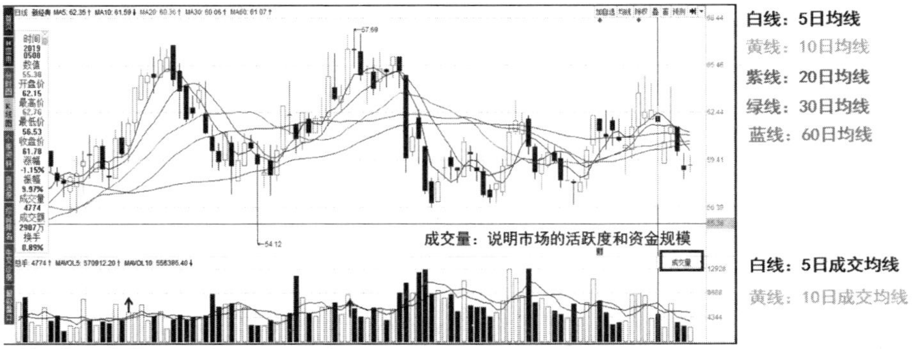

图 11–3　K 线图

3. 涨跌幅和换手率

从图 11–4 的上方来看，盘口买一到买五、卖一到卖五都很清晰。卖一代表的是未成交的最低卖方，买一就是未成交的最高买方，买一卖一之间其实就代表了目前最新的成交价格区域。一般就是在买一和卖一之间反复成交，在盘口展现出来。图的中间靠下是涨跌幅状况，涨跌幅等于涨跌值除以昨天的收盘价再乘以 100%，在 A 股市场是有涨跌幅限制的，涨跌幅日内最多不超过 10%。图的下方还有个换手率，换手率代表的是在一定时间内市场中股票转手买卖的频率，是反映股票流动性强弱的指标之一。

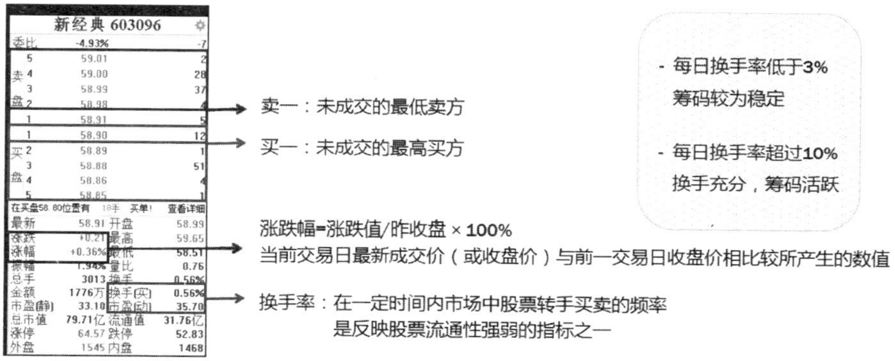

图 11-4　个股盘口示意图

怎么理解换手率呢？比如，流通盘有 1 亿元，今天成交了 1000 万元的股票，那么它的换手率就是 10%，占流通盘的 10%。当然，换手率很多时候是指成交量占总股本的比率，比如今天的成交量是 1000 万股，总股本也是 1 亿元的话，那么换手率就等于 10%。我个人认为，用目前的成交量除以它的流通股，这个才是真实的换手率，这样理解，有利于你去判断它目前的筹码是活跃还是稳定。

二、市场分析类

（1）市场日常分析。比如说东方财富网，是我们经常要看的，里面的股市资讯非常全面。雪球网则是有很多高手赛，里面会有解读。腾讯网也有很多股市资讯，以及一些 App 和华尔街见闻，实时更新全球的金融资讯。当然还有更多，你可以找到适合自己的去看。

（2）新闻。比如东方财富核心新闻，即时更新，登录它的网站即可查看，当下的一些新闻，特别是财经证券类的新闻，基本上是一目了然。

（3）专家解读。在雪球网、东方财富网等专业性的网站上，都有很多专家对市场的判断以及最新解读。不过，看他们的解读时要记住一点，你是去感知他们的思路，看看有没有一些启发，如果有就多看，如果没有就算了。

（4）个股讨论。进入东方财富网的股吧、雪球、淘股吧等，输入相关的股票代码，就可以查看相关内容和讨论。这里有很多市场分析、个股讨论等，是很多散户都会去关注的细分领域。你一定要辩证地去看，重点关注有价值的信息，没有价值的就忽略过去。

看市场分析信息，有以下几个注意要点。

第一，投资者发布的观点都带有主观性，没有人能准确做出预测，所以不要过于相信市场外面的声音，要保持独立思考的能力。

第二，不同的人有不同的解读，要辩证地看待。比如专家有看多的，也有看空的，市场运行到每一个阶段都会有不同的声音，也正是拥有不同的声音才会有分歧。问题是答案只有一个，你可以借助这些声音，结合自己的判断逻辑，做出属于你自己的思考和决策。

第三，如果某天你看到了一篇非常靠谱的分析，建议后面要持续关注此作者。比如，2018 年年底到 2019 年第一季度，股指从 2440 点涨到 3000 多点，当时我自己对市场的研判是比较精准的，那么，如果你觉得我的分析比较靠谱，接下来就可以持续关注我，或许会让你得到更多的启发。

第四，自己对自己的投资负责，不要把亏损怪罪到市场的声音上。有些人一直关注某些高手或专家的分析，一旦对方分析错了，然后自己跟着也错了，往往就会把自己的亏损怪罪到人家身上。但是，你要记住，别人只是表达他自己的声音，而且这个市场本身就有风险，最终你要对自己的投资负责，保持独立思考，从自身找原因，这才是你不断成长的关键。

三、专业研究类

当你有了一定的基本功之后，就可以去多看一些专业研究类的内容，比如券商的研报和机构的研报等。

1. 券商研报

分类：个股类研报、行业类研报和宏观类研报等。

作用：比较客观地研究情况，看懂研报比听各方市场声音都有价值。

券商研报的浏览地址有很多，比如东方财富网有一个券商研报栏目，会收集市场上大部分的研报，你可以找到自己想看的一些研报，点进去就可以阅读了。

2. 机构研报

作用：机构投资者对机会把握敏锐，为投资者寻找投资机会。

获取渠道：找正规和专业的渠道购买。

机构的研报有些是免费的，有些是收费的。有些正规的渠道像《华尔街日报》以及其他平台，都可以付费购买。天下没有免费的午餐，我认为凡是有价值的内容或者研报，大家都要有一个付费的意识。

研报有很多类，如大宗商品、黄金等，不同细分领域的都有。我们的牛散读书会有时候也会推出一些类似研报的市场判断内容，这些都是属于知识付费的范畴。付费的内容通常会比免费内容更有价值，你获取的东西可能会更有针对性，对你的投资也会更有帮助。

本章小结

（1）行情交易建议选用简单容易上手的软件。

（2）市场分析可以多看各大网站，但要有独立思考能力，不要轻易受到影响。

（3）券商研报一般都是客观描述当下市场，合理地预测未来，而机构研报一般会给投资者寻找比较好的投资机会，助你把握先机。研报有不同的区分，免费的可能就是简单描述一下，收费的则会有一些更确定的或者是更深入的逻辑分析。券商研报和机构研报都是普通投资者研究市场的秘密武器，一定要多看。

无论是通过哪种渠道获取信息，都要独立思考、辩证看待，理解并使用好各种研究分析报告。当你有了清醒的认识之后，循序渐进，把这些外在的力量转变成自己内在的东西，然后再做出相应的决策，最终融入你的交易当中，这会大大提升把握机会的概率。

第十二章

深入了解各板块，选对板块才是王道

学前须知：本章主要分享的是如何选择一只好股票。选择好的股票，关键是选对好的板块。选对板块，事半功倍；选错板块，亏多赢少。

内容等级：★

一、选股第一步：选板块

1. 选股之前为什么要选板块

有句话说得好，“男怕入错行，女怕嫁错郎”，还有一句话是“如果处在风口上，猪也能够飞起来”，其实，从某种意义上来说，这就说明了选择板块的重要性。

板块有很多，有行业板块，有概念板块，还有地区板块。我们先要认清楚不同类型的板块以及它们的现状和未来，以此判断中长期或者短期是否值得投资，然后才是选个股的问题。

2. 先选板块的好处

其实投资股票和选择工作是一样的。你在选择工作的时候，通常会先看这个工作所处行业的前景，然后再选择具体的职位，这样对职业生涯的发展才是利大于弊的。所以，选择好行业板块再选个股，对公司的发展也就更有把握，逻辑是相通的。这告诉了我们一个道理，就是先大后小，考大学是如此，选择工作也是如此，选择个股更是如此。

3. 选对板块的重要性

选对板块，事半功倍。比如，如果你在 2008 年选择投资房地产行业，几年后可能就会赚得盆满钵满。但是，如果你选错板块，那么一定是亏多盈少。比如，如果你在 2008 年选择投资石油，可能早就血本无归了。所以，选对了板块，就可能有暴富的机会，选错了板块，那你最终也可能落到暴亏的境地。

4. 案例分享

有人问，想要选股，但没有明确的目标，该怎么办？我的建议是从板块开始着手，选股先选板块。比如，我最近比较看好文化传媒这个板块，目前它的基础较好，未来也有可能持续增长。那么，首先就要在相关软件上登录，进入文化传媒板块的界面。浏览板块时，其中的很多个股在软件上会很清晰地展现出来（见图 12-1）。

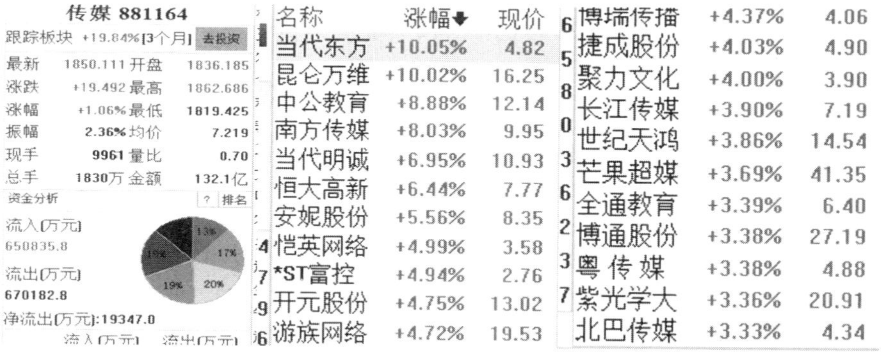

图 12-1　文化传媒板块界面

你可以先浏览一遍，看一下这个板块里面都有哪些个股，然后再获取个股的一些基本面的资料，如图 12-2 所示。

文化传媒研报 更多

报告日期	行业名称	涨跌幅	相关链接	标题	评级类别	评级变动	机构名称	机构影响力
2019-05-20	文化传媒	-0.52%	详细 股吧 资金流	传媒行业周报：优质内容体验需求是刚需 关注超高清视频产业链	持有	维持	国海证券	★★★
2019-05-20	文化传媒	-0.52%	详细 股吧 资金流	OTT TV行业专题研究：渗透率仍有提升空间，广告及付费19年均…	增持	维持	东吴证券	★★★
2019-05-20	文化传媒	-0.52%	详细 股吧 资金流	传媒周观点19期：营销行业以MarTech为方向，正加速迭代	增持	维持	安信证券	★★★★
2019-05-20	文化传媒	-0.52%	详细 股吧 资金流	传媒行业周报：腾讯近1个月连续7款重磅产品上线，预计增厚Q2…	持有	维持	华创证券	★★★★
2019-05-20	文化传媒	-0.52%	详细 股吧 资金流	传媒一周观点：外部摩擦影响风险偏好，低估值防御上策，星辉西…	增持	维持	天风证券	★★★
2019-05-20	文化传媒	-0.52%	详细 股吧 资金流	移动互联网APP四月数据分析：泛娱乐类增长迅猛，头条系社交之…	-	无	国金证券	★★★★★
2019-05-20	文化传媒	-0.52%	详细 股吧 资金流	2019教育行业周报第19期：国际人工智能教育与教育大会举行，…	买入	维持	国金证券	★★★★★
2019-05-20	文化传媒	-0.52%	详细 股吧 资金流	教育行业跨市场周报（第73期）：国际人工智能与教育大会在京…	-	无	光大证券	★★★★★

图 12-2　获取各个公司的基本情况

这些基本面资料，比如一些研报，你都可以去看，并据此去查找相关的个股，比如盘子最小的、业绩最好的，或者专门做出版的、专门做电影的，等等。然后，通过股票 F10 看公司高管、看股东研究、看财务数据等，最后选出你心目中理想的公司。一步一步地挖掘，有时候很可能就会在不经意间抓到大牛股。通过这个步骤，会提高投资成功的机会，减少踩雷的概率。

二、优质板块的三个特征

1. 行业商业模式良好

看一个行业的商业模式好不好，首先要看该行业有没有政策扶持。比如文化传媒，经常会有一些减免税政策，或者是有大量的资金投入，这就属于政策扶持。2015 年的时候，新能源板块为什么那么强，也是因为有政策扶持，当时只要是做锂电池的，政府就会给补贴，想不赚钱都难。所以政策扶持很重要。

其次要看该行业的产品是不是社会的必选消费或刚性需求。像上面提到的锂电池，因为那时候都在做新能源车，必须要配置锂电池，所以锂电池就属于刚需。

最后要看该行业未来发展是否可持续向上。比如文化传媒产业中的电影，中国的电影产业跟美国的电影产业差距很大，但有差距才有增长的空间，所以它未来的增长也是值得期待的。

在我国，5G 相关行业目前就得到了多项政策的支持，并且 5G 技术一定是未来所有通信类必备的基础技术，它在未来科技发展中也充当着一个重要的角色。所以，这个行业基本上具备了优质板块的三个特征，有着很大的发展前景。5G 因此也成为兵家必争之地，很多大的企业都纷纷去研究开发 5G 技术，因为这个行业未来空间巨大，其中蕴藏着很大的商机。

2. 行业总体市场份额较大

行业总体市场份额越大，当然未来前景就会越广阔、越可观。行业总体市场份额的评价标准一般是：行业空间 1000 亿元以上属于优秀水平，行业空间 500 亿 ~ 1000 亿元属于良好水平，行业空间 200 亿 ~ 500 亿元属于中等水平，行业空间 200 亿元以下属于较差水平。我们选择行业，就要去选择一些行业空间极具想象力的，比如刚才说的 5G，它就不止千亿、万亿级别，甚至可以达到 10 万亿级别，这是一个超级优秀的行业，在其中肯定能诞生很多很牛的公司。在一个万亿级别的行业里，肯定比在一个百亿级别的行业里可把握的机会大，这是很简单的道理。

例如电影产业。电影产业在 2018 年全年总票房达到 600 亿元以上，行业空间属于良好水平。当然这只是在当时，未来电影的全年总票房可能还会变成1000亿元、2000亿元，行业空间也从良好变成优秀。所以，很多时候我们不仅要看到当下，也要看到未来。

3. 行业板块过去5～10年的走势强劲

如何判断你选择的行业是否被市场认可？核心判断标准是：行业指数近年走势能否跑赢上证指数。行业指数在走势上能够跑赢上证指数，叫作背离。行业指数比市场强，就是强背离。这种强背离的背景预示着里面有资金流入，预示着这个行业是领先市场的，所以这也是我们要看好的行业。

像白酒、化工、新材料这些板块近十几年涨幅都跑赢了上证指数，说明它们已经获得了资金的高度认可，这个趋势也形成了。未来你做的事情很简单，那就是顺势而为，参与它们。

三、板块上涨的逻辑

如图12–3、图12–4、图12–5所示，为什么白酒、食品加工和制药这三个板块是一直稳定增长的，能够持续跑赢大盘？

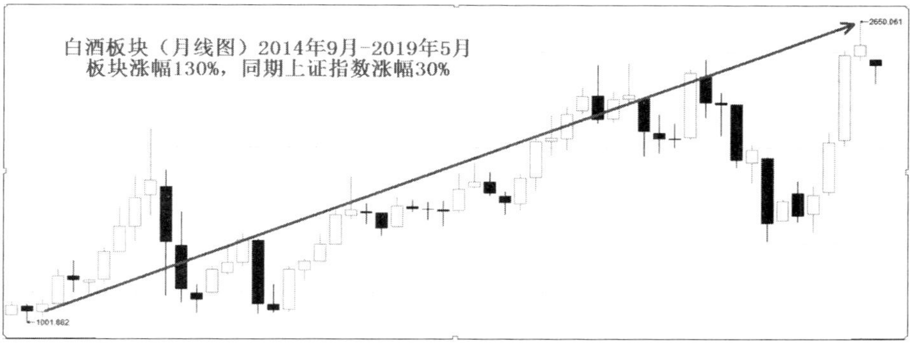

图 12-3　白酒板块月线图

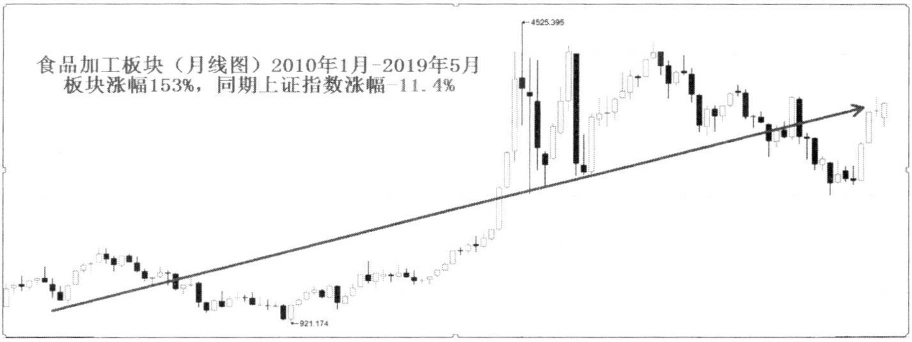

图 12-4　食品加工板块月线图

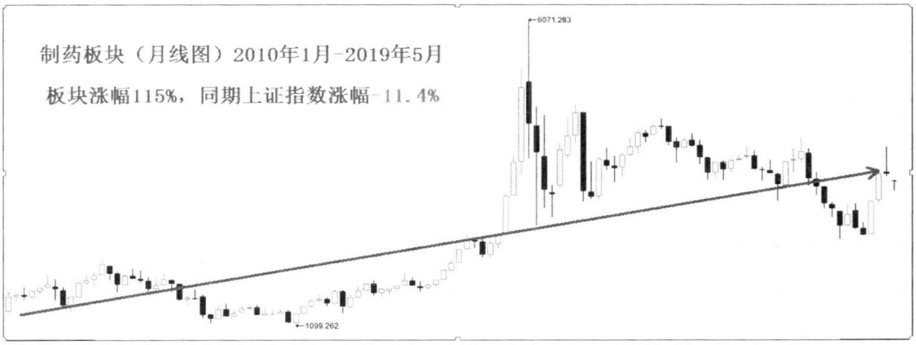

图 12-5　制药板块月线图

这是因为：第一，这三个板块都属于消费类，而我国消费成长的空间是巨大的，我国经济一直在不断地增长，对消费的需求也在不断地增加。第二，这些板块的基本面比较好，所以流入资金比流出要多，正面反映了市场资金非常认可这个行业。第三，这些板块的相关行业、概念现状较好或未来预期较好。白酒、食品加工、制药板块近年来消费数据都稳步上涨，增长速度保持较快水平，所以预期未来还有增长，导致资金一直看好并持续买入。这就是它们能够上涨的很重要的逻辑。

四、板块低迷的逻辑

如图 12–6、图 12–7 所示，钢铁板块和装配式建筑板块为什么又比较低迷，行业板块走势跑输上证指数呢？

图 12–6　钢铁板块月线图

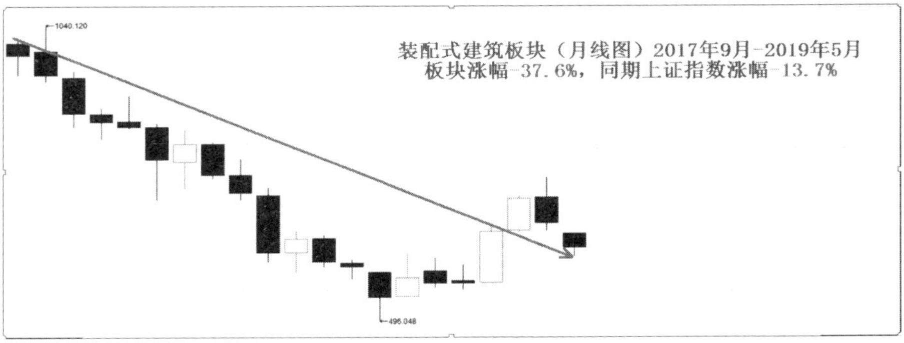

图 12-7　装配式建筑板块月线图

主要原因在于，钢铁板块和装配式建筑板块都属于传统行业，传统行业相对来说增速比较慢，没有太大的想象空间。现在我们的钢铁产量已经是全球第一了，再增长总要有需求才行，而很多需要钢材和装配建筑材料的地方都已经呈现饱和状态，所以期待这些板块有特别大的增长空间是不现实的，未来如果市场经济好的话，可能还有一点增长，但是市场经济不好时，可能会亏掉很多钱。这是抑制其成长的很重要的因素。

本章小结

首先，选股一定要先学会选板块，只有选对了板块，投资就会事半功倍。投资的时候不要纠结于选什么个股，而是应该首先选择行业。选择好了行业，哪怕买到最差的标的，也有可能会远远跑赢大盘。

举例来说，2018 年年底到 2019 年第一季度，这个阶段有些板块是远远跑赢市场的，比如 5G 板块和券商板块，只要基本面不是很差，随便买一只 5G 或券商的股票，它的涨幅都会远远超过那些传统行业涨幅最好的个股。

反之，如果没有选择对的行业，比如2019年上半年整个ST板块下跌幅度惊人，很多个股跌得特别厉害，如果你选择这些个股买进的话，那可能就会蒙受巨大的损失。哪怕你买到一只最强的ST个股，无非也是相对跌得少一点，但最后还是亏损。

其次，选择优质板块最重要的就是看这个行业是不是一门好生意。比如5G有上万亿的市场空间，这肯定是好生意。还有之前讲的食品、医药、白酒这些消费类的行业，未来的想象空间很大，那也应该是好生意。当然，看一个行业是不是好的生意，有些时候也是仁者见仁、智者见智，需要你去研究、去思考。

最后，板块上涨的逻辑也要搞清楚。板块之所以上涨，是因为资金看好行业或概念的现状与前景，而持续流入。归根到底，板块上涨的核心逻辑就是未来，如果未来好，就会推动资金的流入，也就会推动更多的人不断地去买，不断地配置。

第十三章

看懂股票基本面，方可甄选价值股

学前须知：本章主要是学习基本面的相关知识。当选好板块后，接下来就要学习如何更好地选个股。透过基本面挖掘牛股时，F10会发挥很重要的作用。

内容等级：★★

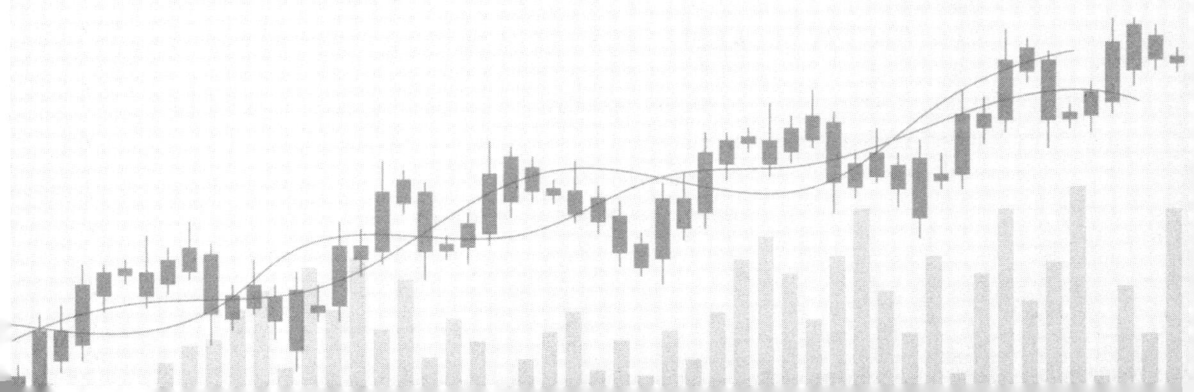

一、如何一键快速获取基本面信息

无论是在手机上还是电脑上，能够一键迅速地获取基本面信息，是非常重要的。而 F10 就帮助我们解决了这个重要的问题。F10 是指键盘上的 F10 快捷键，在各种金融行情终端软件中，用户通过键盘上的 F10 快捷键，可迅速查看上市公司的非行情信息。所以股票非行情类的基本面信息也被通称为股票 F10。研究 F10，也是我们做基本面研究的一个很重要的工作。那么如何快速一键阅览呢？

以贵州茅台为例，按下 F10 后就会呈现这些信息（见图 13–1，不同的券商软件 F10 的排版可能不同）。信息页面上方列有 16 个不同的栏目名称，代表了它的基本面的一部分信息，比如最新提示、公司概括、财务分析、股东研究等。

600519
贵州茅台

最新提示	公司概况	财务分析	股东研究	股本结构	资本运作	业内点评	行业分析
公司大事	港澳特色	经营分析	主力追踪	分红扩股	高层治理	龙虎榜单	关联个股

☆ 最新提示☆ ◇ 600519 贵州茅台 更新日期：2018-12-17◇

★ 本栏包括【1.最新提醒】【2.最新报道】【3.最新异动】【4.最新运作】

★ 最新主要指标★	18-09-30	18-06-30	18-03-31	17-12-31	17-09-30
每股收益(元)	19.6900	12.5500	6.7700	21.5600	15.9100
每股净资产(元)	81.4916	74.3495	79.5718	72.8003	67.1520
净资产收益率(%)	24.9300	15.8700	8.8900	32.9500	24.9700
总股本(亿股)	12.5620	12.5620	12.5620	12.5620	12.5620
实际流通A股(亿股)	12.5620	12.5620	12.5620	12.5620	12.5620
限售流通A股(亿股)	--	--	--	--	--

图 13–1 基础 F10 信息页面

要看哪个栏目，点击进去就会很清晰地看到F10信息的呈现。以同花顺F10为例，如果点击最新动态，就会显示出营业收入、净利润、毛利率等相关信息（见图13-2），看过后对公司的基本情况也就有了一个基本的了解，这是我们研究股票价值的入门阶段。

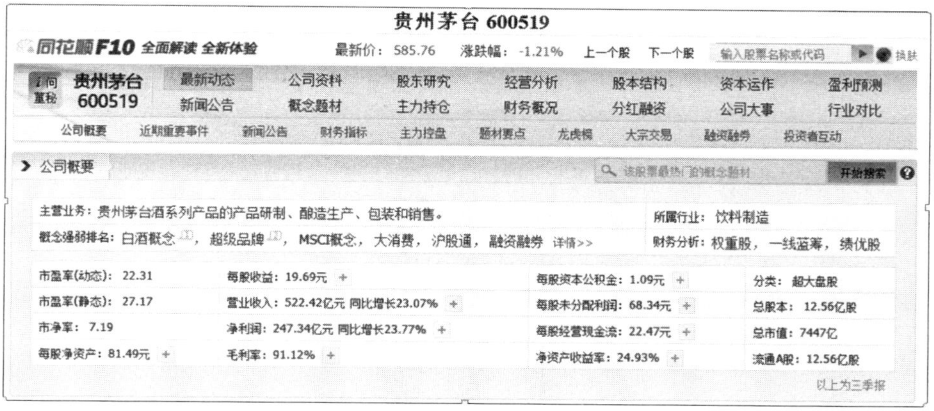

图13-2　同花顺软件基础F10信息（推荐新手使用）

手机软件也有类似F10的信息，比如东方财富、同花顺的手机端F10页面，就能够清晰地把相关信息展现给我们（见图13-3）。信息化时代便捷无处不在，它使我们可以一键就获取到相关的基本面信息，剩下的无非就是根据呈现出来的数据做进一步的思考了。

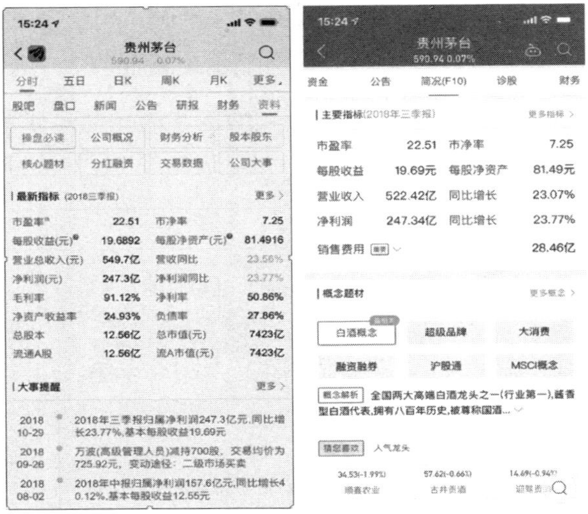

图 13-3 手机端金融软件 F10 页面（左为东方财富，右为同花顺）

二、教你看懂 16 项基本面中的重要信息

打开券商炒股软件，只要按下 F10，就会呈现出如图 13-4 所示的内容，总共有 16 项，内容非常丰富。

最新提示	公司概况	财务分析	股东研究	股本结构	公司报道	高层治理	经营分析
风险因素	港澳特色	分红扩股	行业题材	发展规划	主力追踪	龙虎榜单	公告快讯

图 13-4 F10 各栏目概括图

我们把这 16 项内容依次做一个梳理。如图 13-5 所示，一开始看到的是公司基础信息，包括最新提示和公司概括，看完这些你对公司就会有一个初步了解，然后再决定有没有必要深入去了解。如果要进一步了解，那就要看看它整个行业的趋势和股东的情况，包括股东研究、行业题材和主力追踪这几项。之后，如果想再深入了解，那就要看它的财务状况和未来发展潜力，包括财务分析、公司报告、发展规划、港澳特色这几项。这个过程有点像谈恋爱，一开始双方先有了第一印象，然后逐渐地去了解。到了解财务状况这个环节，就是你准备步入婚姻殿堂的时候，不过你可能还想再了解一下他的家庭背景，也就是公司的团队履历和股权分配的状况，包括高层治理、经营分析、股本结构和分红扩股这几项。最后是进入婚姻殿堂之前的婚检环节，说白了就是最后的风险筛查，你需要看一下公司的近况与资金异动的公告，包括龙虎榜、公告快讯和风险因素这几项。经过这样一步步的梳理，如果每一点都能逐一清楚的话，那么你对整个基本面就会了然于胸了，也就完成了从恋爱到结婚这个完整的流程。

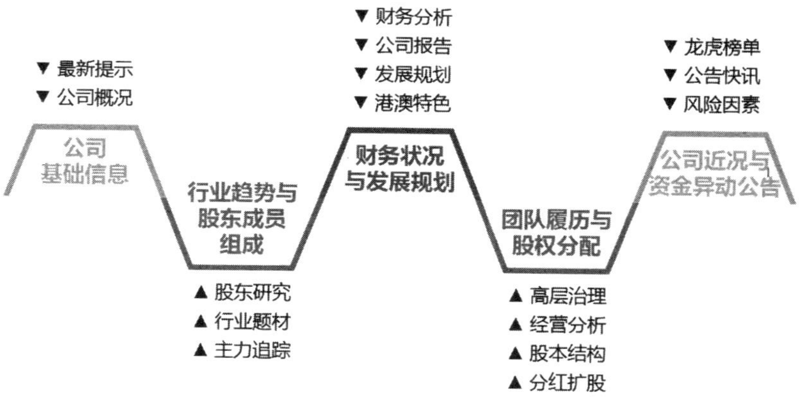

图 13–5　F10 各栏目含义

1. 必看模块一

（1）公司概况。即公司的基本信息，包括做什么业务、公司历史、董事会信息、投资了几家子公司等。

（2）股东研究。即公司的股东户数、户数变动情况、前十大流通股东和非流通股东的情况、控股层级关系等。

（3）主力追踪。即机构持仓情况和持仓明细等。

看过公司的概括，对于它的一些基本情况也就了解了。然后再看股东研究和主力持仓情况，也就是要了解它背后的资金博弈状况，到底是私募主导还是公募主导，抑或是一般的大户主导，不同的资金主导会有不同的风格，根据不同的风格我们就可以采取相应的一些策略。同时，了解了资金博弈的状况，对它未来的发展趋势也就会更加清晰。

2. 必看模块二

（1）经营分析。即市场同类产品的价格情况、主营业务介绍与业务构成。

（2）财务分析。即公司最近的现金流与盈利状况，包括年度、季度、公司支付的各项费用、负债结构等。

（3）分红扩股。即公司最近有没有派发分红，派发了多少；公司最近有没有什么大变动；股东持股；公司重大合作公告等。

对于经营业务的数据分析，就要看具体的主营业务及其构成，还有具体的财务分析、现金流等。对于分红和最近的状况，就是看它有没有分过红，是不是铁公鸡，有没有高送转，未来还有什么重大的事项。当你把这些都梳理清楚了，才能知道它接下来的发展大概会是什么样的轨迹。

总之，我认为选好股票的本质就是选好公司，而深入了解公司就必须要通过 F10。F10 是一个很好的工具，通过这 16 项，我们可以完成对公司从陌生到最终完全了解的整个过程。当然，并不是对每一只股票都要这样做，只有你想深入研究的标的才需要如此。不管如何，我们对公司的基础信息研究越到位，你的基本功就会打得越扎实。如果你只是纯技术派研究，对基本面这块没有研究透，有些风险没有规避掉，那你就可能会踩到雷，买到伪价值股甚至是退市的股票，结局就会很惨了。

三、稳抓基本面关键信息，快速选出价值股

想要稳抓基本面关键信息，快速选出价值股，我们就需要有一双慧眼，能够一针见血地找到核心点。那么，这个核心点包括哪些东西呢？比如我们很看重的主营业务和主营毛利率水平，这些都能在一定程度上反映出公司的核心竞争力，毛利率越高就说明它的核心竞争力越强。你想想，100 元的东西，毛利率超过 90%，这意味着它的利润非常高。这么高的利润还能卖得出去，那它卖的就不是产品，而可能是文化了，这就是它的核心竞争力所在。所以，这是我们要去观察的一个点。

看团队的履历和整体成员的综合实力，也就是看人。有些时候投资公司就是在投资人。经营管理发展都要靠人，每一家公司的高管，都会反映出他自己的特色，这个团队越有前景，那么这个公司肯定也就越有未来。

看财务情况，也就是营业收入、经济水平、利润增速、净资产收益率水平等，我们要对这些进行一个深度调查，摸底越清晰，那么对它的当下以及未来就会做出一个更加合理的评估。

1. 主营业务与主营毛利率水平

第一，通过毛利率的高低，可以知晓其经营状况、经营领域的竞争情况以及核心技术业务能力如何，如表 13-1 所示。

表 13-1 毛利率水平与公司经营状况、竞争力和抗通胀能力的关系

毛利率水平	公司经营状况	公司竞争力	抗通胀能力
超过 80%	优异	非常强	非常强
超过 50%	良好	强	强
低于 50%	一般	一般	一般
低于 30%	一般	差	差

举例来说，茅台的毛利率很高，超过了 90%，这也使得公司经营状况和竞争力大大增强，随之抗通胀能力也变强，成为价值投资的一个典范。但是，当一个公司的毛利率低于 50% 的时候，你就要小心了，这说明它的竞争力可能一般。而低于 30% 的，往往是传统制造业，产品没有差异化，或者产品同质化非常严重，竞争力也就相对差了很多。

第二，找出公司哪种业务的收入占据主营主位，据此可以清晰地知道公司到底是做什么的，是多元化发展还是单一发展。

仍以茅台为例，如图 13-6 所示，可以看得很清楚，其收入的 99.99% 是靠主营业务的酒类，而且是高毛利率，所以它的主营业务就是高毛利率的品种，那么，很显然，它是具有自己的核心竞争力的，而且生命力也比较强，所以它会成为“中国第一价投”。

▸ 主营构成分析

2016-12-31	主营构成	主营收入(元)	收入比例	主营成本(元)	成本比例	主营利润(元)	利润比例	毛利率(%)
按行业分类	酒类	388亿	99.95%	33.7亿	98.92%	355亿	100.04%	91.31%
	其他(补充)	2122万	0.05%	3669万	1.08%	-1547万	-0.04%	-72.92%
按产品分类	茅台酒	367亿	94.47%	23.9亿	69.96%	343亿	96.83%	93.50%
	其他系列酒	21.3亿	5.47%	9.88亿	28.97%	11.4亿	3.21%	53.55%
	其他(补充)	2122万	0.05%	3669万	1.08%	-1547万	-0.04%	-72.92%

图 13-6 茅台主营构成分析

2. 团队的履历及整体成员的综合实力

看团队的履历和整体成员的综合实力，首先是看整个高管层的情况，比如他们有没有持有上市公司的股票，持有的情况，经营的时长，还有他们自身的特点等。

其次，要看董事长资历如何，是否年轻，是否有能力和激情。这里所说的年轻，特指心态的年轻。作为一家上市公司的董事长，只有保持年轻的心态，他才能富有激情、富有动力，才有战斗力。如果他的心态较老、追求平庸的话，很显然这家公司持续高成长的可能性是比较小的，它可能会更多地采取防守型的不思进取的策略，这样还能期望它未来会带给你一个超额收益吗?

最后，还要看董事长本身对行业和公司的发展战略是否清晰。很多上市公司左右摇摆，一会儿往左走，一会儿又往右走，内耗和外耗都很严重，最终导致迷失了自己。如果董事长能够明确方向，清晰自己的战略，坚定地往前走，积极地去推动，那我相信这样的公司是值得期待的。

智飞生物是我过去调研过的一家上市公司，董事长的年龄其实已经不小，但是我们能深切地感受到他的心态是非常年轻的，他的战略是非常清晰的。他不像有些同龄的董事长，这时可能就追求安逸了，而是始终怀抱着一定的使命感。从他上任之后，股价基本上就一路走高，可以说穿越了熊市，是两市里面能够长期走牛的少数上市公司之一。这算是我们挖掘出来的一个很不错的价值投资典范。所以，在这里送给大家一句话：什么样的领军人物就决定了什么样的企业。

3. 财务情况

对财务情况进行深入调查，一是要了解营业收入及其增速，就是了解公司业务的发展水平以及未来发展趋势等状况，并结合过去的增速对未来做出一定的预测。二是要了解净利润及其增速，这能够反映出公司到底赚不赚钱。三是要了解净资产收益率的增速，也就是评估公司获利能力的强弱。我们做价值投资，一定要从上述几个角度去思考和挖掘，才能发现机会。当然，我们同样强调要看其持续成长的能力，如果它哪天不成长或者萎缩了，那么它的价值肯定也会反复的。

在昔日的市场中，就有通过这种财务比较良好的增长所造就的牛股。三聚环保就是一个典范，它曾经4年涨幅超过35倍，连续9年营业收入高速增长，净资产和收益率同样高速增长，成为当时赫赫有名的一只牛股。在它持续成长的过程中，只要你把握住机会，是一定能够分享到它的利润的。三聚环保4年涨了35倍，一个波段就足够了，别说35倍，有10倍、8倍、5倍也完全可以。

所以，业绩看的不仅仅是当下，更要看未来。当下的业绩只能决定现在的估值，但是未来业绩的高速增长才是股价最强大的向上牵引力。很多投资者看到股票的当下市盈率很低，就以为它现在非常具有投资价值，但是他没有想到，未来如果它的增速减少或者是衰退，市盈率就会变得很高，这样从未来反推，价格可能就不见得合理了，反而有可能成为高位。因此，这就是我们强调看未来的主要原因。

关于潜力牛股的财务要素，我们也做了一些数据上的梳理。

第一是行业增速超过10%。我国近几年的GDP增速约在6%~8%，那么，行业增速至少要超过GDP的增速才行。

第二是公司的营业收入增速超过20%，净利润增长超过30%，净产收益率增速超过10%。这是巴菲特指标，重点是净利润的增长超过30%，这样才能证明公司保持着一种中高速的成长，而不是缓慢的成长。只有这种中高速的成长，才会带给你更大的阶段性的遐想。

第三就是稀缺性。你要思考它的商业模式是不是完整清晰，产品的市场占有率和毛利率是不是比较高，越高则表明它的抗通胀能力越强。

通过这些财务数据，你就能抓住一些未来的潜力牛股。希望大家能够学以致用，一旦找到了潜力牛股，然后在合适的买入点做一个波段，最后的收获一定会让你大吃一惊。

四、带你看清价值投资的误区，避免掉坑

1. 价值投资的误区

目前，许多投资者都会寻找一些财务数据好、毛利率高的公司，但在投资实战中得不到相应的投资回报，究竟是什么原因呢？

我的观点是，一定要学会思考并规避价值投资的误区，避免掉到伪价值投资的坑里。比如，虽然我一直说茅台是价值投资的典范，但这是过去。那么，现在买茅台还是不是正确的价值投资呢？我认为并不一定，因为毕竟它已经发展了很多年，所以要看它现在的市场份额是不是进入阶段性的饱和、未来这个价格是不是能够持续、毛利率是否能够持续，对于这些你都要有一个基本的判断。我们千万不要做伪价值投资，认为它过去是价值股，现在一定也是，这并不一定。

很多人都知道，可口可乐是巴菲特成功投资的重点案例。他在 1988 年可口可乐市值不到 150 亿美元的时候买入该股票，到 1998 年，10 年的时间涨了 10 倍。1998 年之前可口可乐是一个价值投资的标的，但是在 1998 年之后，一直持续到 2018 年，它的总市值依然还是 2000 亿美元左右，20 年的时间才收获 20% 的年化收益率，这是非常低的。在这 20 年时间里，美国

的股指都涨了三倍，可以说，同时期可口可乐显然是远远跑输美国股指的。那么，如果你是在 1998 年后才开始买它的股票，就不会收获到所谓价值投资的乐趣和收益了，等于是买了一个伪价值。

2. 什么是正确的价值投资

正确的价值投资一定是投资公司的未来，而不是现在。比如，在可口可乐市值 150 亿美元的时候，如果你看到它未来能够成长为大公司，那么你把钱投资到它身上，收获 10 倍是合理的。但当它成为大公司的时候，除非能看到它未来会变成更大的公司，你才能收获增值，否则，你投资进去最终就会迷失自己。可口可乐还好，至少后面 20 年是不会让你亏的，但有些公司你认为它很有价值，在高位的时候投入，最终它的业绩下滑，甚至亏损、退市，那你掉的这个坑就比较大了。所以，买任何一只股票都不是看它过去如何，而是看它未来如何，这点一定要记住。

本章小结

甄选价值投资股的注意要点，一是看主营业务占比、收入与毛利率情况，毛利率越高，说明它的核心竞争力越强，越值得我们去高度关注。二是看董事长、公司团队的实力，说白了就是看人。三是看公司财务指标，包括主营业务利润增速、净资产收益率和可持续增长情况，通过过去的数据去估算它未来的大概状况，如果能保持持续增长，就值得重点去研究。四是看公司所在的行业增速和公司产品在市场上的稀缺性，也就是这个行业前景如何，如果行业都不行了，公司想有大发展，难度是非常大的。五是提醒大家不要做伪价值投资，不要因为它过去是价值投资的优秀个股，就认为现在还是如此，切记，你买的一定是要能够持续成长的这种公司，这才是真正的价值投资。

F10 各个环节的梳理，就像一个从谈恋爱到结婚的过程，通过本章的学习，你应该对如何甄选价值投资股有了一个基本的认识。当然，学完之后，还要加强实践，最终形成属于你自己的东西。

第十四章

了解主力，把握资金与情绪的博弈

学前须知：本章主要分享的是主力思维。了解主力并把握资金与情绪的博弈，能够帮助你最终做到与主力共舞，成为市场上的赢家。

内容等级：★★

一、主力是什么

很多人都在说主力，但主力到底是什么呢？主力不是泛指一个人或一个机构，它是一种合力，是由机构和大户等大资金形成的一种合力，通称主力。

主力操作风格主要分为三个类型，分别是短线游资主力、波段主力和中长线主力。短线游资主力更多的是一些个人资金，也就是游资主导，封涨停板，快进快出；波段主力有些是机构资金，还有些是个人资金，主要做中线的波段，高抛低吸；中长线主力更多的是机构资金，也可能是内资和外资各种机构的合力，主要做一个大的周期。风格不一样，选择的标的也往往不一样。

1. 短线游资主力

操作周期：几周或几个月之内完成。短线游资主力的操作周期一般是几周，最多也就几个月，这是它的主要运作特征。当然，运作几天的也有，这就是超短线了。

标的要求：行业的龙头类个股、最近的强势股。说白了就是追热点，把握一些技术突破的个股，这是短线游资选择标的很重要的标准。

买入建仓：对龙头个股和强势股在 5 日均线低吸。短线游资主力建仓的时机，一种是跌到 5 日线或 10 日线，围绕均线做一个低吸，另外一种是直接封板，就是在涨停板附近直接跟进去。

运作手法：午后突袭打板，用大资金大幅买入之前低吸的标的，使其涨停。这是短线游资的主要策略，因为只有涨停才能吸引各路资金积极地介入，吸引跟风盘。

如图 14–1 所示，南都物业就是贴着 5 日均线低吸。从分时图中看得很清晰，上午的时候一直在 5 日均线低吸，贴着均线低吸，等时机一到，下午就开始不断地上攻，最终成功封板，非常犀利。

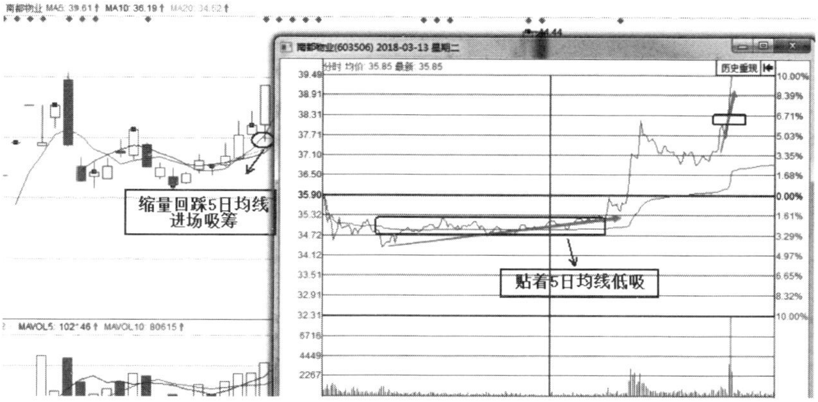

图 14–1　短线游资主力操作示意

2. 波段主力

操作周期：一年左右。

标的要求：有题材特点的公司，重视市场风口、热点题材、技术形态特点等。这种波段的要求其实与短线类似，但它可能会更趋于中线。短线多数时候关注的是纯事件，但波段关注的可能是纯板块、纯行业，比如 5G 行业、芯片行业，它看好的是未来，比如至少一年整个趋势的发展，这是对标的很重要的要求。

买入建仓：在股份整理的末梢阶段区域出手买入。如果是做波段主力的话，可以在调整得差不多的时候慢慢买。

运作手法：在建仓后，短期会刻意维护股份不跌破重要的支撑位，遇到股价调整阶段做日内的洗盘整理。也就是说，中线波段往往不会像短线那么激进，短线会想办法去做涨停，而中线是要防守、稳中求进。到关键的支撑位时，中线会防一防，其他的时候就顺应趋势，如果偶尔感觉市场有调整的话，它会顺势做一个洗盘，做一部分的差价，这是它的一个主要特征。所以，它的股价表现不会像短线主力一样疯狂，它一般会沿着比如45度角的趋势缓慢上涨，到了后期的话，它也会加速，往往就是这样的运作格局。

医药板块向来是市场的一个中线板块，一些相关的概念股、独角兽、临床研究的药物，对它来说都是一个引爆点。举例来说，昭衍新药这只医药股，它的引爆点是医疗改革，刺激了资金对医药板块的持续性炒作。热点题材板块有持续性，个股才有走波段上涨的机会。

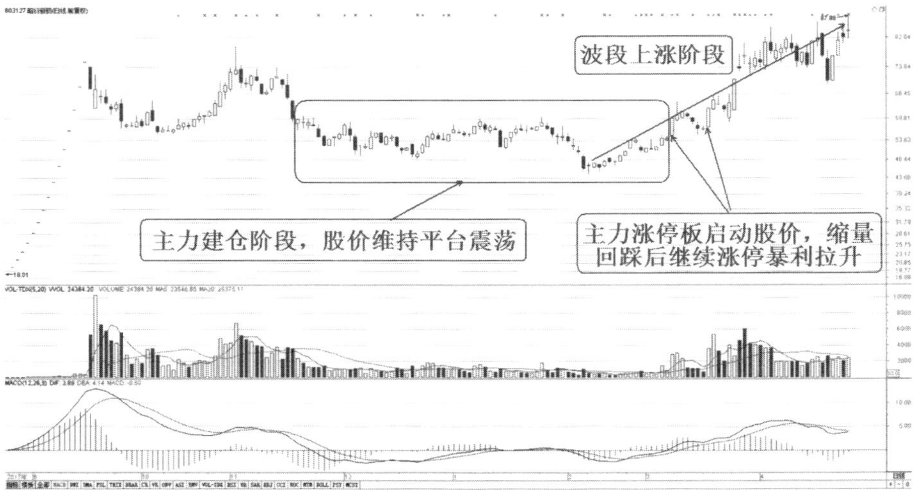

图 14-2　昭衍新药走势示意图

如图 14-2 所示，可以看到昭衍新药的整个走势。它的建仓期是在平台动荡的时候，然后上涨，沿着 45 度角反复地动荡向上，到关键位置比如突破图右侧的这个区间时，有一个涨停板启动，后面稍微缩量回踩，然后继续反复向上。它是围绕着整个趋势，然后反复波动，形成一个大的阶段性的波段运作格局。它需要的时间比较长，一旦形成趋势就顺沿向上，期间也可以有一些涨停板，但不会像短线那样有多个涨停板，涨停突破关键位置后又延续动荡，再慢慢地涨，往往就是这样一种运作模式。

3. 中长线主力

操作周期：持股时间 1 ~ 3 年或更久。

标的要求：热点、概念等影响较小，更注重基本面、估值，只有优质成长股、蓝筹股才有中长线持股的价值。所以，往往买的就是稳中求进的个股，因为它看的时间周期更长，不是看阶段性的。比如生老病死涉及的一些行业，或者是衣食住行涉及的行业，这些都是可以中长期观察的，通常也是中长线资金运作的主要方向。

买入建仓：在公司估值较低期间低吸建仓。换言之，因为公司从长期来看是有价值的，所以在市场不好下跌的时候，往往就是买入点。这与巴菲特的价值投资有点类似。

运作手法：一直持有，直到股份达到盈利目标位置附近分批减仓。就如国内中长线价值投资的标的典范茅台、海天味业等，类似这种消费持续增长的，可以在中长期一直持有，期间可能会有一些动荡，但哪怕回撤 20 个点、30 个点你也不要理会，一直持有，直到你的目标位，比如你用 100 元买进茅台，你认为它有 10 倍的成长空间，也就是说到了 1000 元之后才考虑卖，那么这 1000 元就是你的目标位，这时就可以分批减仓。

短线是快进快出，考验的是技术手法。中线波段的考验稍微升级了一点，会涉及一些心态以及博弈方面的东西。中长线则非常考验人的耐心。技术功底深厚的比较适合做超短线，心理素质过硬的比较适合做中长线，你要顺应自己的特点，然后去采取不同的操作策略。

新经典这只股票也是我们曾经挖掘出来的。通过 F10 我们看到，这个公司的高层是比较年轻的“70 后”精英，有能力有激情；大股东持股 58%，公募与投资基金持股比例高达 20%，筹码集中；业绩比较优秀，书籍销售额每年保持 30% 的增长幅度。我们认为这只个股值得中长期持有，所以在相对低位的时候，也就是它刚上市不久，股价调整时买进去，后面一路上涨，虽然期间也会回调，但是整个趋势还是向上的，如图 14–3 所示。

图 14–3 新经典行情走势

4. 简单判断当前个股是哪种资金主导的（仅供参考）

问题一：该股票过去历史的拉升时间是多久？

A.6 个月到一年或一年以上　　B.3 个月左右

问题二：初始的拉升节奏如何？

A. 初始拉升是小幅拉升，很少涨停板　　B. 开始拉升就是连续 3 个以上的涨停板

如果上述选项都是 A，那大概率就是中长线的机构主力做主导；如果上述选项都是 B，那大概率就是短线游资主力做主导。

6个月到一年以上的很显然属于波段，三个月左右则很显然是短线；中线波段的话会有小幅拉升，很少会有涨停板，而3个月左右的往往就会有连续涨停板。这是不同的资金主导方式。

总的来说，主力一定是市场资金的合力，这个合力可以是个人，也可以是机构。之所以会形成合力，是因为他们都看好未来，对未来的预期形成一致，慢慢不断地买，最终形成了一股向上的力量，或者是向下的力量。不同风格的资金会形成不同风格的主力，有短线的、游资的、中线波段的以及中长线的，不同的模式其体现形式也会不一样。短线可能会经常看到连续涨停，中线波段偶尔会有涨停，中长线的则很少有涨停，这就是它们的特征。不同风格的主力选股标准也会有差异，操作考虑层面也是不一样的。超短线更多考虑的是短期的收益、短期的资金博弈，中线和中长线则更多考虑的是中长期的资金收益，考虑的是这家公司中长期的经营状况。所以，它们的焦点是不一样的，对此大家一定要非常清晰。结合不一样的焦点，采取不一样的策略，然后做一个组合，这样才能更好地去把握这个市场。

二、看懂情绪周期博弈

1. 市场情绪周期的四个阶段

如图14–4所示，第一个阶段，也就是股票走势连续下跌之后开始企稳，呈现扭转颓势的一种状态，即退潮到开始阶段。企稳之后，开始步入一个小幅上升的阶段，慢慢上涨，即开始到发酵阶段。上涨到一定阶段，量变促成质变，也就是发酵到高潮阶段，从小幅上升变成连续的大幅上升。高潮之后就会有退潮，在这个阶段，股票在大幅的上升中开始降速，然后慢慢走入下跌调整。这就是市场情绪周期的四个阶段。

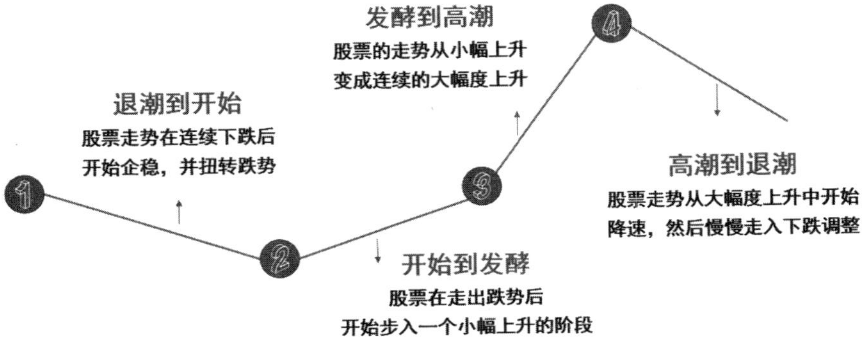

图 14-4 市场情绪周期的四个阶段

如图 14-5 所示，这是方大炭素的一个经典案例。从开始前的下跌，慢慢开始企稳，就是退潮到开始。有点企稳止跌后，慢慢发酵上涨，然后进入高潮暴涨，最后退潮，这是很完整的四个阶段，看上去非常清晰。

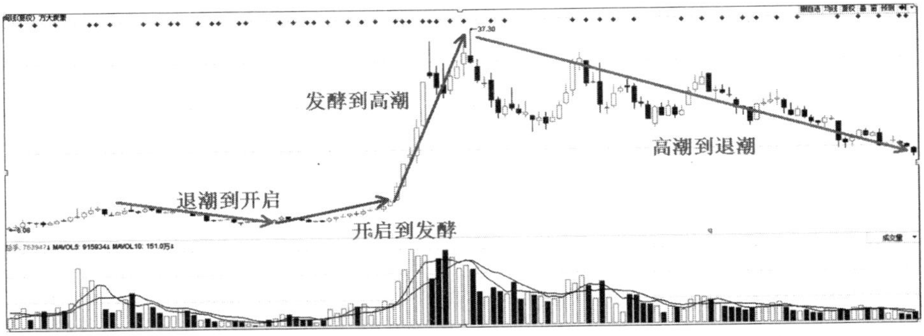

图 14-5 方大炭素周线图（2016 年 5 月—2018 年 12 月）

再看一下锦富技术，如图 14-6 所示，从退潮到开始，有开始止跌的味道，然后发酵，开始加速进入高潮，主升浪后进入退潮。就是这么简单。

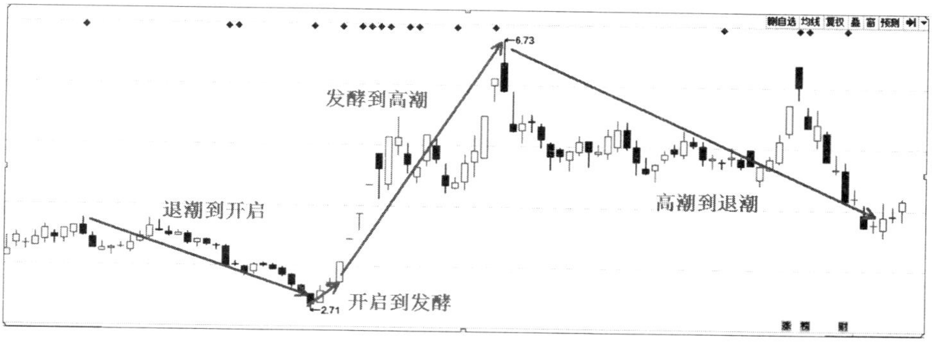

图 14-6　锦富技术日线图（2018 年 10 月—2019 年 5 月）

市场情绪周期的四个阶段是根据参与者的情绪变化过程来对市场炒作周期进行划分的。情绪变化也是股价变动的反映，可分为一个个周期，市场的操作手法可以变，但是投资者的情绪循环一直没变。所以，市场情绪周期的本质就像人的情绪，变来变去，但不管是 3000 年前的人还是现在的人，都具有类似的情绪，都有喜怒哀乐。有些时候我们看到一些股票走势，好像似曾相识，其根本原因就是情绪会重演。比如，当一只股票出现连续 3 ~ 5 个涨停时你会兴奋，几天或几个月后，当另一只股票出现三五个涨停板时，你一样也会兴奋，这就是情绪的重演，这也就导致了历史的重演。所以，我们看到的很多市场波动，从本质上来说都是情绪在波动。

2. 如何判断情绪周期

市场的情绪周期没有标准，每个个股的节奏都不一样，具体取决于主导资金的属性。如果是短线主力资金主导的话，它的周期会持续几个月；如果是波段主力资金主导的话，它的周期会持续 1 ~ 2 年；如果是长线资金主力主导的话，它的周期会持续 3 ~ 5 年或更久。所以，我们会渴望有更多的长线资金入市，这样我们就有可能进入一个长期牛市了。

3. 运用情绪周期

无论是短线、中线还是长线，都会有一个情绪周期，只是周期长短的问题。我们买股票要考虑情绪周期，了解了情绪的博弈才能提高胜率。比如做短线，一买入就进到高潮阶段，直接做到主升浪，那收益就很快了。但是，如果一买进去遇到退潮阶段，那就尴尬了，风险大于机会，就很难赚钱了。

所以，我们看股票，要先了解它现在属于情绪周期的哪个阶段，如果它的情绪周期是有利于做多的，你就继续做多，不利于做多了，那你就选择观望。比如，在开始阶段你可以选择试探或者观望，刚开始发酵时，是有利于做多的，包括高潮时都是可以做的，而到最后退潮时你就需要选择观望了。所以，抓住情绪周期的不同阶段，策略就会非常清晰了。

三、如何与主力共舞

与主力共舞，是在主力抬高股价的时候，你要懂得参与其中。主力就是合力，那么当合力形成的时候，你要怎么参与其中呢？如果发现这只股票是中长线资金参与的，那你就可以一直持股，与主力共舞，因为主力要运作几年的周期，不要怕，后面一定会有主力帮你“抬轿”，你只管保证好底仓，主仓位一直拿着，机动仓位做做差价就行，这也是与主力共舞的方式。当然，如果你的买入点把握得很好，那么，在情绪周期处于开始或者发酵的阶段，你都可以适当参与，甚至高潮时也可以跟进一把，这样会比较舒服，因为一买就涨了。

1. 两种合适拉升的时机

大家都知道，买进去的时候最好有拉升，那什么时机会比较适合拉升呢？这时，我们就要观察大盘环境和内在因素这两点了。

（1）大盘环境。

如果大盘指数正处于连续下跌当中，情绪周期处于退潮期，则主力资金很难形成合力。这是因为，在下跌趋势中，主力各自打算，分歧较大，资金合力困难。如果形成合力的话，就变成个股行情了，这种情况也是有可能发生的，这就要具体问题具体分析了。但是一般而言，如果大盘太差，这种个股行情其实也走不远，可能出现一两个涨停板就走不下去了，最终被套的概率非常大。

如果大盘指数正处于连续上涨当中，情绪周期处于高潮期，则主力资金比较容易形成合力。这是因为，在上涨趋势中，主力目标一致，没有分歧，资金合力迅速。所以，我们一定要择时而行，选择大盘相对安全的时候，尤其是大盘处于上涨过程时，主力资金很容易形成合力，一旦形成合力就容易拉升，甚至可能连续涨停。

以新经典为例（见图 14-7），2017 年 8 月 14 日，当时次新指数经过连续下跌风险充分释放，到这天刚好展开较长时间的反弹。那个时候大盘指数、次新指数也处于反弹，所以它乘上东风，再加上后面新经典的风一吹起来，涨得就很不错，当时大盘是符合的，合力也就能形成了。

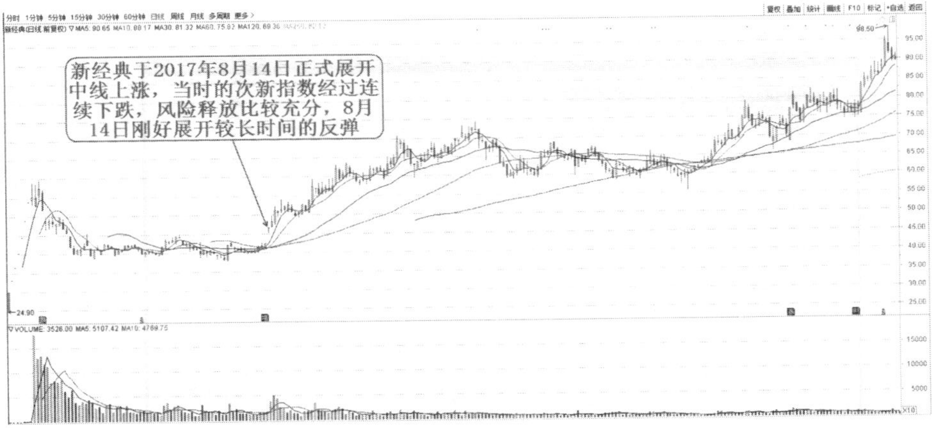

图 14-7　新经典中线上涨形成合力

新经典的第二波拉升是在 2018 年。如图 14-8 所示，2018 年 2 月 9 日恰好是上证指数、次新指数的阶段性低点，也就是说那时候市场也调整到了一个低点。那么，市场一上攻就又给它做了一个助力，所以这时里面的资金又形成了合力，走出一波上涨行情。

图 14-8　新经典第二波拉升情况

（2）内在因素。

内在因素是指推动股价上涨的因素，例如业绩大涨、政策大力支持等。我们常说成长为王，其实是去看它未来的成长性，引爆为辅，则是要找到引爆点，也就是上涨的理由，比如业绩、高送转或者是国家大幅度的政策支持，都是理由，都是引爆点。

仍以新经典为例，如图 14–9 所示，2017 年 8 月 14 日之所以当天高开，最终封死涨停，其实是受到半年报业绩大增的刺激。当时半年报公布预告，大增 50%～65%，公布的时候恰好是周末，周一起涨，大盘也起涨，本身个股内在又有政策推动，所以最终就涨停了。

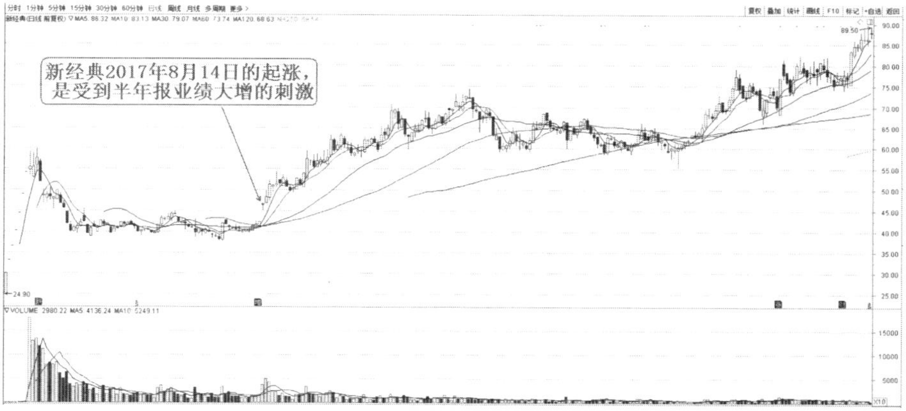

图 14–9　新经典起涨的内在刺激因素

2. 主力资金拉升的节奏

（1）初级上涨阶段。

特征：股价不动声色地上涨，赚钱效应不明显。

大盘环境：同期大盘的情绪已达，开启到发酵的阶段。就是说大盘也没怎么跌，开始有点慢慢要涨的感觉。

内在因素：股票有潜在的利好。

（2）主升浪阶段。

特征：上涨有持续性，回踩都是买入点，能继续创新高。股价加速上涨，达到阶段高点。

大盘环境：同期大盘的情绪已达，发酵到高潮的阶段。这个时候形成合力的话，就很容易出现连续涨停。

内在因素：股票中的实在利好已经开始兑现。不管是利好业绩预增，还是一些政策支持，都在慢慢地兑现，助推它不断地发酵上涨，走出主升浪的趋势。

本章小结

（1）主力就是各路大资金的共同合力。我们之前已经强调过了，有主力合力才有未来，没有主力合力是没有未来的。没有合力，一只个股是很难开启大行情的。

（2）主线发酵周期：退潮到开启，开启到发酵，发酵到高潮，高潮到退潮。

（3）主力拉升对时机的选择非常重要，一个是大盘环境，另一个是内在因素。任何一种因素支持都能上涨，如果两个因素合力，就会出现大涨，甚至涨停。

希望通过本章内容的全面感知和梳理，能够使你对市场的所谓主力有更清晰的认识，尤其是对情绪周期的把握，对股价起起落落的秘密，你也就能看得更加明白了。那么，将来你赢的机会就会变得更大了。

第十五章

实战步骤一：科学找准最佳买入点

学前须知：从本章开始，我们将进入实战，首先学习的是科学找准最佳买入点。找出买入点的过程，就是从宏观逐渐到微观的一个过程，你在微观层面做得越好，那么最终的赢面就会越大。

内容等级：★★★

一、实战须知

一旦到了实战，我们就要端正自己的态度，这一点是要非常清晰的。

第一，接受亏损是游戏的一部分。

既然是实战，就别想着只赚不亏，如果抱着这样的心态，你一定做不好。来到这个市场，你就要认清它的本质，要做好亏损的心理准备。

第二，市场具有不规律性，在市场面前要保持谦卑，及时修正错误。

市场不是你想怎么样就怎么样，充满了不确定性，所以在进入之前要做好充分的准备。如果你能阶段性地保证一个比较好的成功率，大概率就会成为市场的赢家。

第三，交易不顺时要减少交易的频率。

也就是说，手气不好的时候要少玩，交易出现问题时就尽量让自己静下心来，重新审视、总结，然后完善自己的交易。

第四，风险一定要控制在自己能承受的范围之内。

做投资首先要考虑的是风险而不是机会，所以我们一直都说股市博弈，首先你要拿输得起的钱来博弈，这样的话你的心态才会比较好，否则，抱着那种输不起的心态去玩，就一定会患得患失，因为输不起，那么最终结果也好不到哪里去。

第五，审时度势，了解清楚持股的基本面，持股要有耐心。

任何股票都不可能一买就涨，只要在风险承受范围之内，就要有点耐心，很多时候牛股都是靠持股持出来的，一只好的股票就是“时间的玫瑰”，在时间不断延长的过程中才会绽放出它的价值。

第六，市场没有百分之百正确的交易模式，做股票，要做不确定中的确定。

不论你学习了多少交易技巧，你都要知道这并不是百分之百正确的，它只是能帮助你提升成功的概率。在这个过程中，我们要努力去寻找不确定中的确定。比如选择板块时，行情是不确定的，但是有些行业其实是确定的，像5G、新能源这种趋势行业，在未来一段日子，可能就是不确定中的确定，如果我们这样去理解，机会很多时候也就在其中了。

二、实战逻辑

1. 结合趋势找买入位置

（1）了解趋势。

趋势就是机会。主力资金开始进行合力后，在股价上都会形成一定的上涨趋势，我们在这个上涨趋势中就会找到比较好的买入位置。

（2）如何确立上涨趋势。

确立上涨的趋势，就是判断个股上涨趋势是否持续确立，这要看股价走势是否符合两个因素，一是底部是否坚实，二是底部出现之后有没有出现连续的上涨。

（3）判断底部是否坚实。

判断底部是否坚实有两个标准：一是看它是否进行过两次或以上的探底，反复地探底，再向上的概率就会很大；二是每次探底的位置不能与上次相差太多，两个底部相差10%以内最佳。比如前期探到5元，现在又探到5.5元，刚好相差 10%，然后就涨上去了，这其实是比较理想的。

以中国平安为例，如图 15–1 所示，它的两个底相差在 10% 以内，后面慢慢横盘，走势比较稳健，也没再下跌，最后就开始向上了，底部做得很扎实。那么这两个底很显然是坚实的，后面也就走出了一波比较精彩的上涨行情。

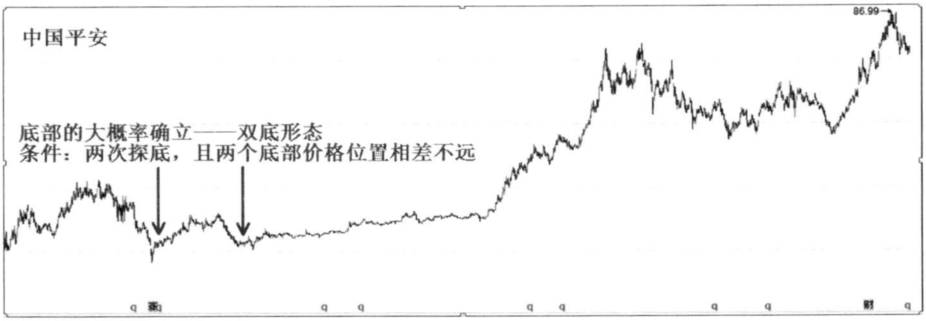

图 15–1 中国平安双底形态

（4）判断上涨趋势是否形成。

上涨趋势的前提是个股已经形成坚实的底部，然后在短期内 1 ~ 2 周出现连续上涨，并且涨幅超过 10%。

如图 15–2 所示，中国平安的底部形成，然后趋势也形成了，在这个点买入就非常精彩了。判断上涨趋势是否确立要看两个因素，一是底部是否坚实，二是底部出现之后有没有连续上涨，一旦上涨趋势形成，那上涨初期就是一个比较好的买入位置。

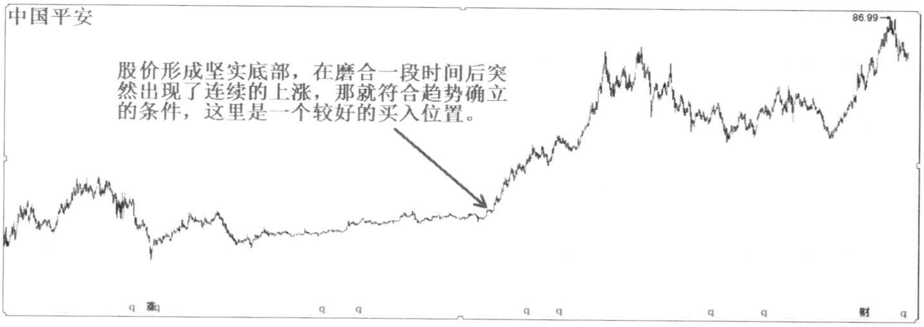

图 15-2 上涨趋势形成

2. 在均线中找最科学的买入点

找到一个上涨趋势后，买入点从哪里落手，需要从更细的方面去理解，以均价线指标作为参考找到科学的买入点。

均价线是股票平均价格线，简称均线。它分为两种。一种是常见的日均价线，比如日线级别，就是把一段时期内的股票价格平均值连接形成的曲线；另一种是分时均价线，也就是每天交易当中的平均交易价格所形成的曲线。日线级别就是日线的平均成交价格，分时就是日内的分时的平均成交价格。

常用日均价线指标，大致区分为短期的 5 日、10 日均线，中期的 30 日、60 日均线，长期的 120 日、250 日均线（也称为半年线和年线）。不同的均线有不同的意义，做短线时要看短期均线，做中线时要看中期均线，做长线时要看长期均线。

分时均价线是由当天的平均成交价格组成的。股价的波动，就是围绕成交均价在走的。以中国平安为例，其趋势形成确认后，找到突破买入位置，就可以利用均价线来找买入点，如图 15-3 所示。

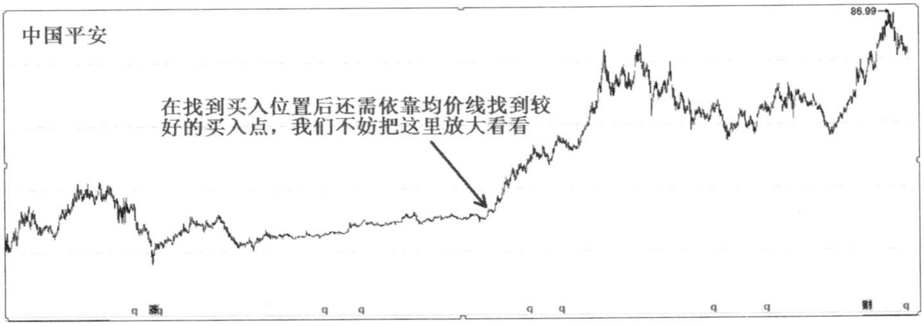

图 15-3　中国平安日线图

放大后可以看到（见图 15-4），有白色、黄色、紫色、绿色、蓝色等各种不同的均线，而前面突破回踩后，回到了 5 日、10 日的短期均线，这是一个最佳的或者是比较保险的买入点。

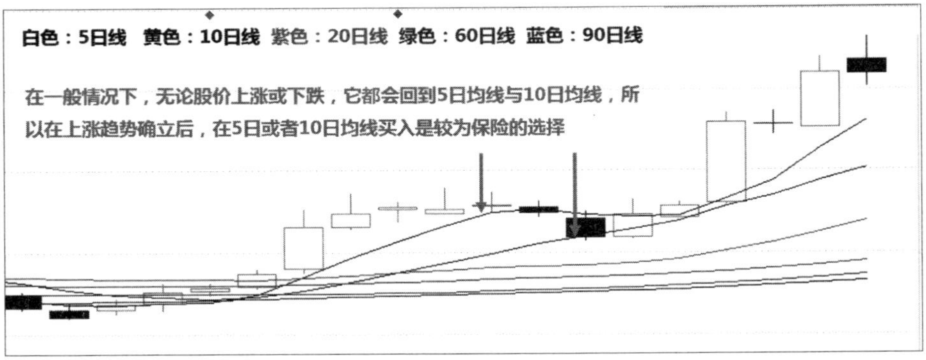

图 15-4　选择 5 日或 10 日均线附近为买入点

具体来看中国平安 2017 年 5 月 5 日的分时图（见图 15-5），在这个分时波动里面，当它跌到均线下方时，说明它比较弱，有可能继续跌，这时你可以继续观察，等它回到均线上，则说明它已经开始由弱转强了，那么这个时候就可以考虑介入了，哪怕它尾盘再下探也没有关系，至少它已经回到这里了，它有这个能量。再结合日线级别的均线，也到了 5 日、10 日均线买入点，所以我们在其附近买入。5 日、10 日的短期均线，在回抽到它们附近的时候，也是买入点，这两个买入点形成了共振，最终也就成了一个很好的布局点。

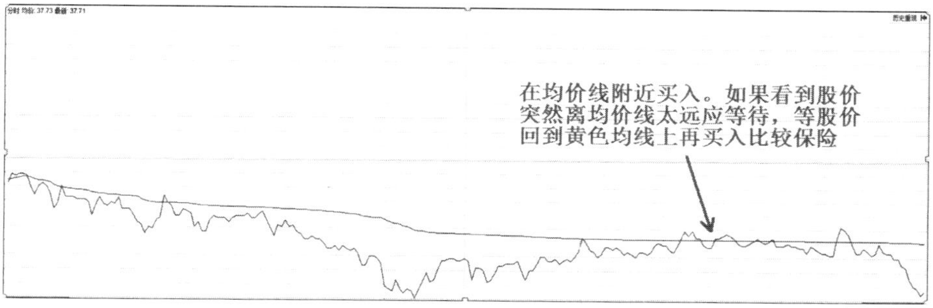

图 15-5　中国平安分时图（2017 年 5 月 5 日）

为了避免追高而承担股票波动，所以在分时均价线附近买入是比较安全的方式。也有人说，它涨上去了，追高能不能买入？当然没问题，只要确认是上升趋势的时候就可以买。不过我教给大家的是比较稳健的思路，即在回踩的时候买入，可能真的会做到一买就涨。

本章小结

在实战中，首先要从上涨趋势确定买入位置。股价多次探底后一段时间突然出现了连续上涨，可以判断上涨趋势已经初步建立，是较好的买入位置。然后回调到日均价线，确定买入日。一般来说，在 5 日、10 日、20 日均线附近买入最为保险。最后回调到分时均价线，确定最终的买入时间。

日内价格波动较大，在日内均价线附近买入是较好的选择。

逐步找出买入点的过程，就是从宏观逐渐到微观的一个过程，实战也是如此，你在微观层面做得越好，那么最终你的赢面就会越大。所以一定要好好地去感知这个循序渐进的过程。

第十六章

实战步骤二：做好仓位管理

学前须知：本章主要分享的是如何做好仓位的管理，用最简单的方法做到风险控制。

内容等级：★★★

一、仓位管理的重要性

1. 什么是仓位

仓位是指投资人实有投资和实际投资资金的比例。简单来说，如果你有 10 万元用于投资，现用了 4 万元买股票，那么你的仓位就是 40%；如果这 10 万元全买了股票，那么就是满仓；如果手上一分钱股票都没有，那么就是空仓。

2. 什么是仓位管理

仓位管理，其实就是管理手头上的股票占总资金的比例，是空仓、满仓还是几成仓。我们买股票不是随意去买的，假如你现在手头上有 6 万元，看好一只股票后，一拍脑门就决定先买个三四万元，这种操作就明显缺乏仓位管理的意识，往往蕴含着很大的风险。

所以你要多思考，买一只股票要投入多少钱，认购资金占总金额的比例是多少，这也是属于策略的问题。不同的仓位管理，结果是不一样的，全仓买进还是分批买进，效果也会不同。例如，小明和小张同时看中了科大讯飞，想长期持股，他们手头同样都有 10 万元，小明选择全仓买进，小张则选择分批买进，效果会有什么样的不同呢？

小明显然是属于比较激进型的，从仓位管理上就能反映出他的个性。如图 16–1 所示，他用自己的 10 万元全仓买入时，成本是 32 元，该股阶段性调整就达到了 34%，现价 29 元，若他一直持股到现在，还小亏 1%。

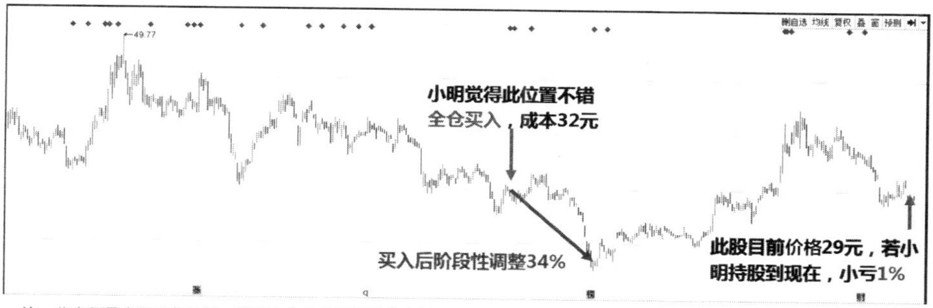

注：此案例是个股现状分析，不结合未来的预测走势分析。

图 16–1　仓位管理示意图（小明）

但是，如果先买一点，调整的压力就没那么大了，损失也没那么大。例如小张，他就是选择了分批买入，先买入三成，成本 32 元，跌到 19 元的时候又买入三成，成本摊薄到 25 元，然后在涨到 23 元的时候，加到满仓，成本摊薄到 24.6 元（见图 16–2）。这样，等到后面跌至 29 元的时候，总的算下来他还是赚钱的。

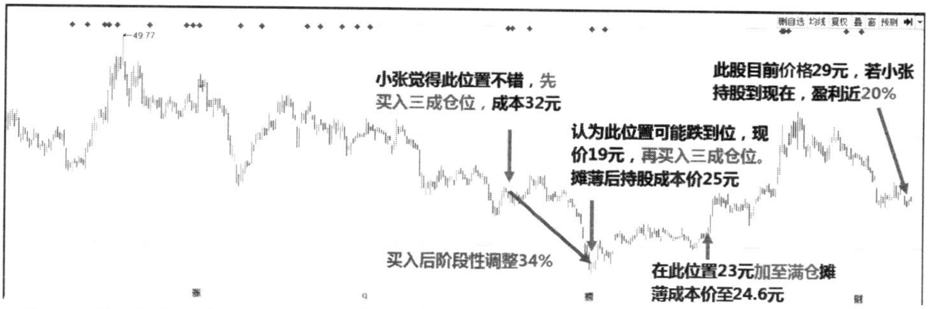

注：此案例是个股现状分析，不结合未来的预测走势分析。

图 16–2　仓位管理示意图（小张）

3. 为什么要强调仓位管理

之所以要强调仓位管理的重要性，是因为股市本身的不确定性是很高的，如果不会仓位管理，那么你学再多的技术也没有用。就像有些股票，本来走势挺好，但突然有一天“黑天鹅”一来，就可能要退市，杀伤力极大。那些被股市重创甚至消灭的投资者，几乎都是因为仓位管理没做好导致的。

科学的仓位管理，可以有效控制风险。比如一开始三成，然后再加三成，最终加到满仓，这样就可以规避阶段性的风险，而一旦机会到来，你的收获也不会小。

二、如何合理地做仓位管理

为了合理地做好仓库管理，我分享给大家一个“333 原则”。很简单，比如你的总资金是 100 万元，就把它分成三份，每一份都是 33 万元左右，然后去进行一些具体的操作。

1. 第一份资产配置

因为先是试探性的买入，所以如果看中一个标的的话，就买入“333”中的一份，也就是 30% 的仓位。这里要记住一个核心点，只有盈利才可以加仓，如果不盈利，你就要随时准备止损出局或者是换股。这其实很容易理解，你有盈利了，就有安全垫了，这个时候你才可以考虑再投入资金，否则一开始就亏损，出师不利，那肯定要考虑换股或者止损。当然也有例外，有些时候第一份是亏损的，如果你对它的基本面非常了解，知道它的底牌，那你也可以在下跌的过程中逢低再加一份，甚至再加。不过，在正常情况下不建议这么做。

2. 第二份资产配置

如果投入的第一份资金盈利超过了 10%，那就说明你做对了，100 万元投入 30 多万元，赚了 3 万多元，也就是总资金赚了三个点，那么这个时候你可以再投入 30%，加仓到原来的股票上。但是，我不建议一只股票超过一半仓位，因为仓位超过一半时，你的系统性风险也就会相应增大。可以在加仓时再买几只看好的其他个股，这样你的仓位就分散了，前面那一只赚钱的股票加仓不超过 50%，另外还配置了一两只其他的股票，以这样的组合继续进攻，并能随时动态调整。当达到六成仓位以上，而且第二份盈利又超过 10% 的时候，那么，第三份资金就可以启动了。

3. 第三份资产配置

当你前面买的两份都赚了 10%，说明你的胜率很高，状态很好，就应该乘胜追击，投入第三份。再加一份以后就是满仓了，这时风险也是比较大的，那么你就要考虑择机找一些卖出点。但是，如果趋势继续，那就要记住让利润充分释放，只要没有回撤到你的底线，比如没有把你的利润吃掉，你就可以让你的利润接着“奔跑”。

谈到择机卖出，需要注意的是，如果中线的个股从最高位回调超过 20% 的话，说明它的趋势有可能发生变化，那么你就可能要考虑出局了。当然，除非你已经在它上面获得的盈利非常多，否则我不太建议一只个股的仓位超过总资金的一半（防止“黑天鹅”）。如果你的利润非常大，也非常有信心，可以有些许变化，但一般的原则就是最多一半。

如图 16–3 所示，就是先操作一份，赚了 10%，再操作第二份，到后面横盘震荡的时候，一直没有太多的盈利，于是继续持有，等到再盈利后加到满仓，后面继续上涨，就择机卖出。这就是“333 原则”的一个渐进式的操作模式。

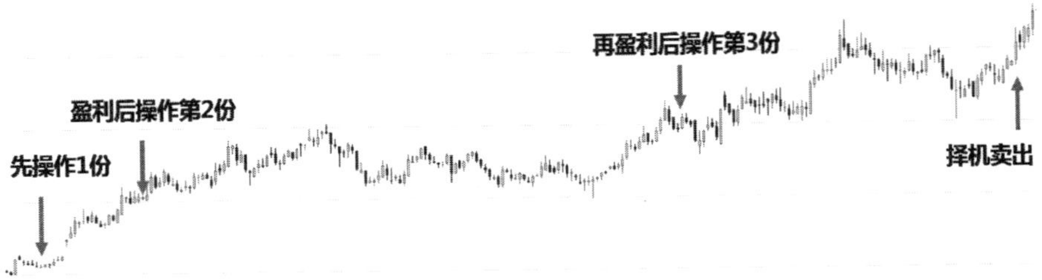

图 16–3 “333 原则”操作模式

三、仓位管理在实战中的应用

1. 进可攻

以金逸影视为例（见图 16–4），因为我们看好这只个股，所以从开始的位置进去三成仓位，形成“进可攻”的态势，若股价按照趋势走，就继续加仓三成，达到六成。它接下来的走势还是非常强势，六成仓位都盈利了，达成了一个阶段性目标，这时你也可以部分获利了结，或者做差价。但既然它能让你继续赚钱，那就继续让利润释放，把剩下的资金都加上去，不断地加，加两三次，让该个股占据一半多的仓位。有些时候势头一形成，你就要敢于去加仓，就好像田忌赛马一样，这个马已经跑出来了，你要相信它的力量。

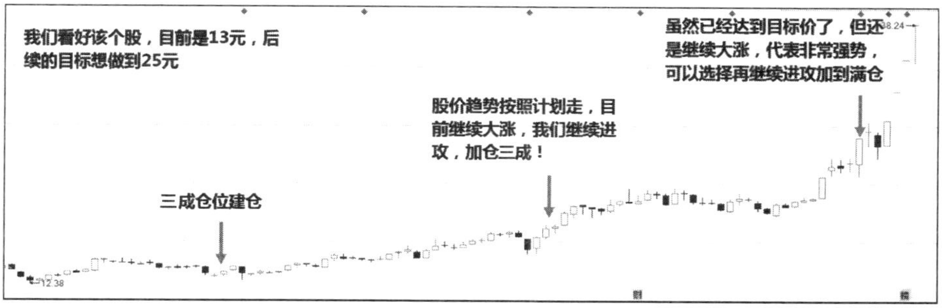

图 16–4 （金逸影视）仓位管理应用

2. 退可守

再看广汇能源（见图 16–5），它先是三成仓位建仓，上涨至 4.3 元后再买三成，接着动荡反复，然后大涨后又快速调整，没有往预期方向上走，说明没有再加仓的时机。但是，如果继续下跌的话，到了你忍受的极限，这时，因为你持有两份，一回撤的时候第二份持仓开始亏钱了，你就可以把第二份处理掉，剩下一份底仓，这样就可以规避后面的风险。

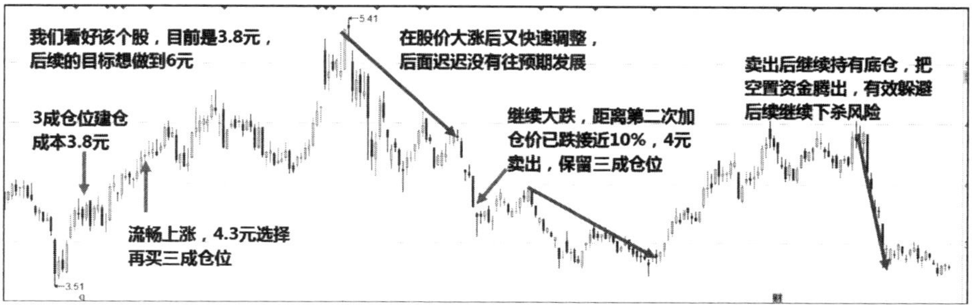

图 16–5 （广汇能源）仓位管理应用

其实“333 原则”的实施是机动的，在顺势的时候可以不断地加，不顺势的时候则要适当地减，始终是这种弹性的变化。做顺了，就一定会重仓盈利；不顺的时候，可能最终也只是保持三成的仓位，即使碰到“黑天鹅”，损失也是有限的。所以，这就是“333 原则”或者说是科学管理仓位的意义所在。

本章小结

（1）仓位管理就是管理购买股票的资金在账户总额中所占的比例。

（2）那些被股市重创甚至消灭的投资者，几乎都是因为没有做好仓位管理。

（3）将资金分成三份进行配置，即“333 原则”，这是一种稳中求进的仓位管理方式。

（4）分批买入，进可攻，退可守，体现了仓位管理的重要性。

当学会仓位管理之后，我相信你对循序渐进，让盈利充分释放的这一操作策略，就会有更清晰的认识了。仓位管理是偏于激进还是保守，也能反映出不同的性格、不同的风险承受能力，那么最终的结果一定是不一样的。

第十七章

实战步骤三：选择最佳卖出点

学前须知：本章主要是学习如何把握最佳的卖出点。在合适的时机获利了结也是一门学问，不仅要学会买，也要学会卖。

内容等级：★★★

会买也要会卖。有句话说得好，会买是徒弟，会卖是师傅，这也说明了会卖的重要性。选择卖出点的方法有很多，这里主要介绍两个简单的方法，一是日内分时回落 5% 卖出法，二是跌破上涨趋势线卖出法。大道至简，有些时候越是简单，往往越有效。

一、日内分时回落 5%卖出法

1. 方法要点

采用这种方法，首先它要符合几个要点。

第一，个股前面波段涨幅超过 40%，说明它位置比较高了，回吐的压力就比较大，位置越高，信号越强烈。

第二，股价分时图当日回撤幅度超过 5%，它的回撤幅度越大，信号就越强烈。所以，有一定涨幅后，然后单日回撤又达到这个幅度时，你就要警惕了。

第三，伴随出现成交量放大、换手率增高等特征，加上这个就更加确定 5% 回落的杀伤力，量能越是异常，信号越强烈。

如果这三个条件都吻合的话，那么，你做卖出的动作大概率是妥妥的。

举例来说，如图 17-1 所示，2017 年 5 月 23 日之前，开润股份的波段涨幅超过 40%，当涨到图中高点位置的时候，突然之间剧烈动荡，5 月 23 日下跌幅度有 5%，这一天如果卖掉的话，就能回避后面的风险。

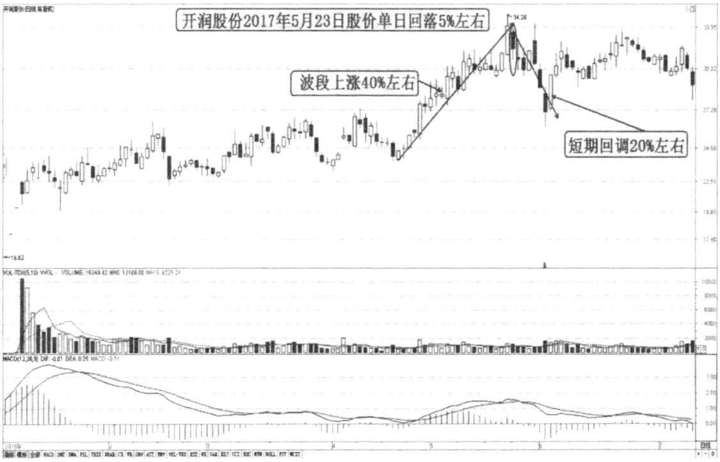

图 17–1　开润股份日线图（波段涨幅超过 40%）

接着再看，如图 17–2 所示，日内分时回调幅度最大接近 7%，超过了 5%，而且分时上攻也很无力，然后回调是放量的。杀跌都是放量，那你就要警惕了，所以这一天其实就是你的卖出点，哪怕尾盘卖出也行，卖出去之后你就能规避后面下跌的风险。

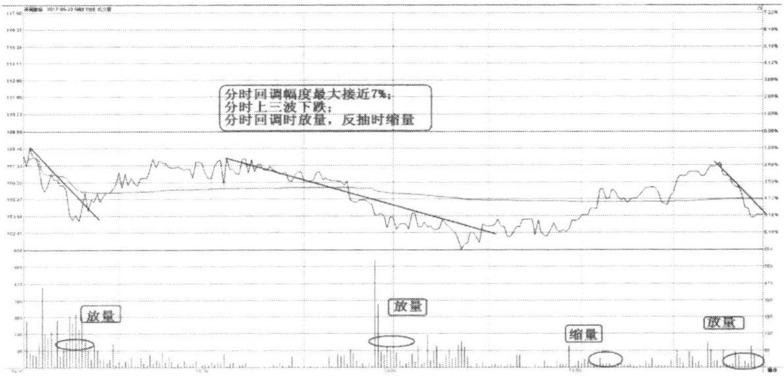

图 17–2　开润股份分时回撤幅度超过 5%

最后来看，如图 17–3 所示，开润股份累计涨幅达 40% 后，出现分时当日回撤超过 5%、成交量放大、换手率增高，三个信号结合后，后续股价下杀 20%，所以要尽快卖出为妙。

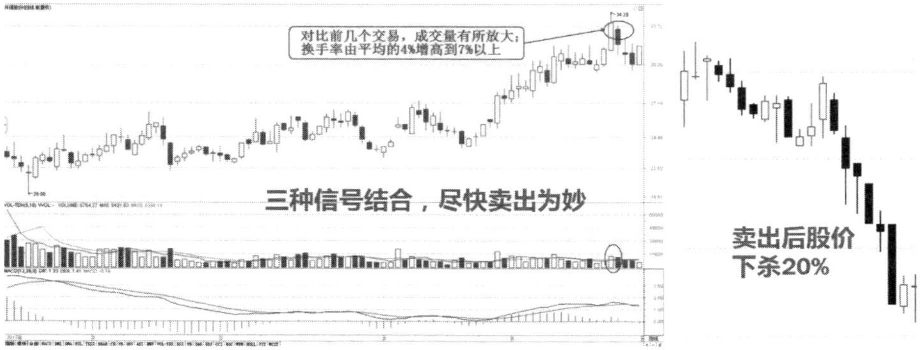

图 17–3　开润股份进入最佳卖出点

2. 注意事项一

（1）发生的位置越高，卖出的信号就越强烈。

（2）如果发生的位置较低，属于刚开始起涨阶段，很可能是试盘、洗盘的动作，短期震荡一下很容易消化掉，这时应以顺应趋势为主。

举例来说，如图 17–4 所示，开立医疗虽然在几天内出现回撤 5%，也放了点量，但是因为累积涨幅比较小，所以震荡消化之后就继续上涨了，趋势也继续走了出来。

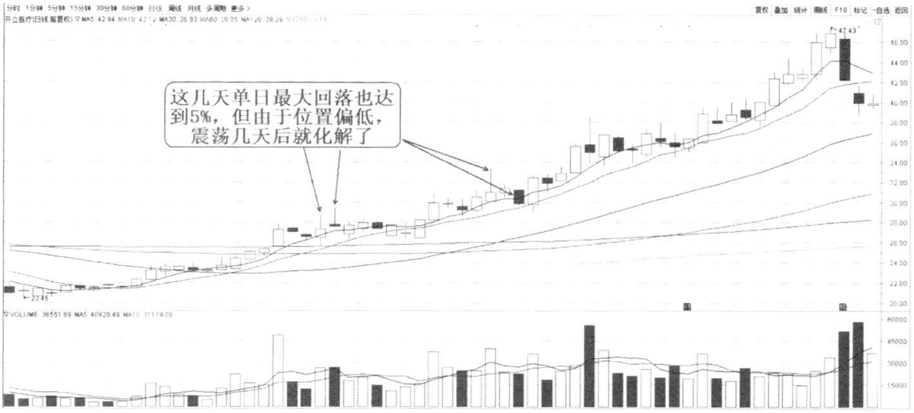

图 17-4　开立医疗日线图

3. 注意事项二

（1）当日回落 5% 以上，收阴线的效果更明显，收阴线说明资金的抛售意愿更强烈，这时候可以考虑减仓或清仓。我的建议是第一次出现这种情况时先减仓，不一定马上清仓，当第二次出现的时候，就基本确定了，可以彻底地把仓位清掉。

（2）如果是冲高回落的长上影线，K 线是阳线，更有可能是中途洗盘，可以继续持有。这和前面是有区别的，回撤下来后收阴线说明卖出的意愿比较强，但是如果今天拉升 7 个点，然后回撤 5 个点，这种很有可能是洗盘，因为它还是阳线，还是涨的。

仍以开立医疗为例，它的趋势非常好，在上涨过程中都有上影线。上影线牵引着继续向上，但你会发现，涨幅越高，每一次上影线的回撤力度都会变大，最后直接就成为大阴线实体了（见图 17-5）。所以，单独使用当日回撤效果并不是很明显，收阳线比收阴线要强得多。在研判的时候，我们要把那几个点融合起来，在相对高位当日回撤阴线（中阴线更佳），然后还要有一定的放量，缺一不可，千万不要单一地去看。

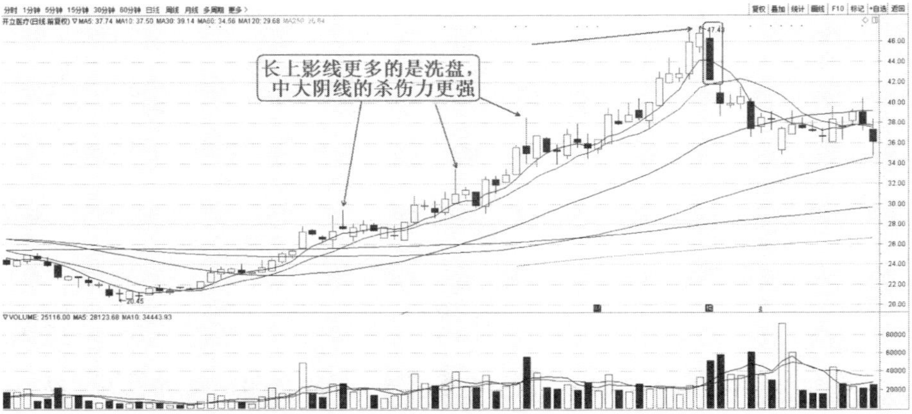

图 17-5　开立医疗趋势分析

所以，选择合适的卖出点，一定是要几个条件融为一体的。涨幅有点大，卖出欲望就会比较强烈；出现阴线，说明抛售是实质性的；量能换手放大，很显然是说明卖出的力量比较大，那么就是已经成为定局了，这时你就得警惕，至少要减仓了。

4. 注意事项三

（1）日内分时回落 5% 卖出法是一种大致的判断，并不是百分之百准确，大家也都知道，股票交易还会受到消息面或其他更大层面的影响。

（2）此方法只是预示着筹码分歧开始加大，而且出现日内大阴线，就说明有资金，至少有一两个机构选择了兑现，当然，这些机构有可能是对的，也有可能是错的，判断不一定百分之百准确，但是作为一般交易者来说，还是要尊重盘面的信号，开始进行减仓的动作。

如图 17-6 所示，风华高科有两天分时回撤也超过了 5%，但是因为它前期的涨幅不大，不符合明显的卖出要点，所以可以静观其变。当然，最终它又引发了一波上涨行情。

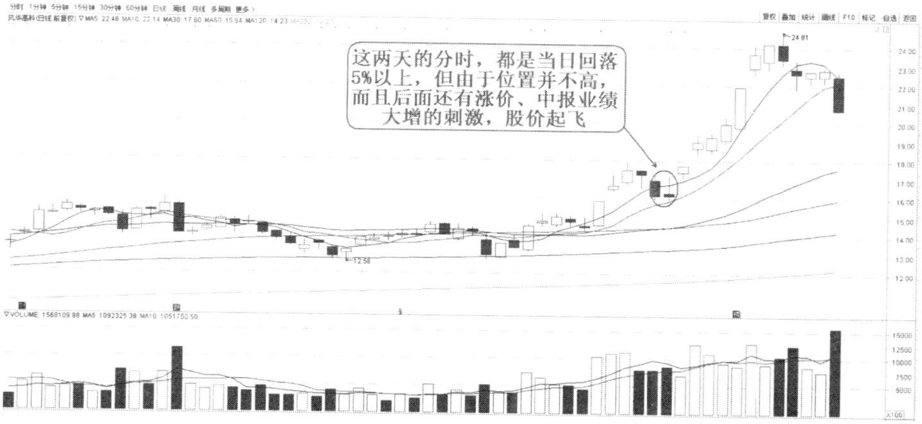

图 17-6　风华高科日线图

总的来说，股价冲高回落，说明有些先知先觉的资金在撤退，筹码开始松动，预示着短期分歧加大的信号，可考虑适当减仓。我们定为5%这个标准，是因为5%是一个门槛。有人说6%行不行，也行，我们要学的是“神”而不是“形”。不过，这个5%我们并不是随便给的，因为有5%以上的回撤幅度，已经能够代表这些资金是有分歧的，或者是有些先知性的资金在撤退，这是大家一定要注意的。至于说它撤退完之后是直接见顶，还是中途调整，还要结合其他条件来综合判断。如果是一个成长为王的标的，中长期很看好，当出现这种信号的时候，你就可以拿一部分仓位做一个小波段，因为你看好它的未来，洗完之后它可能还会迭创新高；如果是纯粹投机的个股，当这种信号出来时就可能见顶部了，那么你就要兑现了。

二、跌破上涨趋势线卖出法

1. 什么是上涨趋势线

上涨趋势线就是上涨行情当中两个以上的低点的连线，它的功能在于显示股价上升的支撑位，一旦股价在波动过程中跌破上升趋势线，就意味着行情可能出现反转，由涨转跌。

如图 17–7 所示，两点连为一线，上涨趋势一目了然。每一个回调低点都是踩着趋势线向上的。在行情软件中可以看出是一条直线，所以我们能感知得到上涨趋势线大概的模式，当你按照这个模式去看的时候，自然就会比较清晰。那么，当出现跌破上涨趋势线的情况时，就要警惕它整个趋势出现拐点的状态，如果没有跌破的话，顺势而为就可以了。

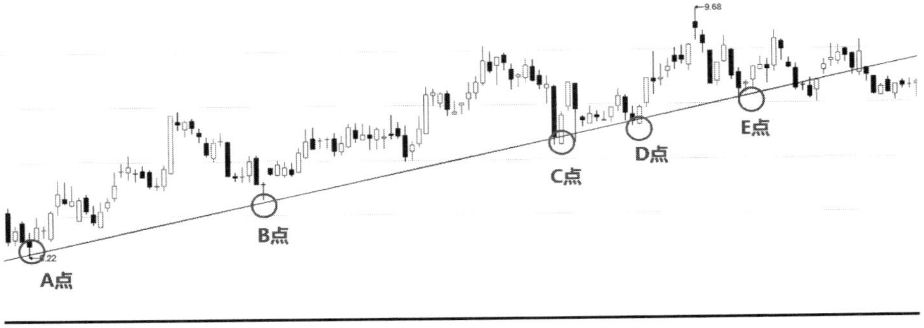

图 17–7　上涨趋势线

2. 上涨趋势线的可用范围

趋势线可以用于日 K 线、周 K 线、月 K 线，甚至是分时 K 线，应用范围很广，但主要用于日 K 线和周 K 线。日 K 线是股价以交易日为单位连成多日的走势图，这个很容易理解，每天的市场波动就形成了日 K 线。一周 5 天集合起来的，就形成了周 K 线。而月 K 线则是以月为单位形成的一根 K 线。

如果周期越长，这个趋势的能量就越强，越不容易破坏；如果周期越小，这个趋势的能量就越弱，形成的时间也越短，越容易改变。所以，我们有些时候看中长线如何，就要看周线和月线，如果趋势向好的话，就可以大方向围绕着周线、月线去做。如果看到短期趋势可能不好，就要考虑做波段，趋势好的话则可以顺势而为。

3. 方法要点

（1）上涨趋势线、股价有效跌破等以收盘价为基准，一般以跌破趋势线 3%、3 个交易日无法收回为有效跌破。

（2）跌破下降趋势线后，趋势由强转弱，经常会演绎为震荡下行、单边快速下跌、横盘整理等。这时你就要小心了，如果原来上涨的话就会变成下跌，所以一旦出现这种信号，你就要考虑卖出了。

（3）跌破上涨趋势线后，有的会有反抽确认，这往往是给你最后逃脱的机会，因为反抽后常常会有更大幅度的下跌。当然，也有的根本就没有反抽就确认了。

例如飞科电器（见图 17-8），2018 年 1 月 29 日股价大跌 9%，跌破上涨趋势线，那么，这个时候只要有反抽，你就要跑路。但有些时候没有反抽，那你必须要在这个位置果断地先减仓一部分，并在后面不断地检查确认。从图中你会发现，它在后面的跌幅也是很大的。

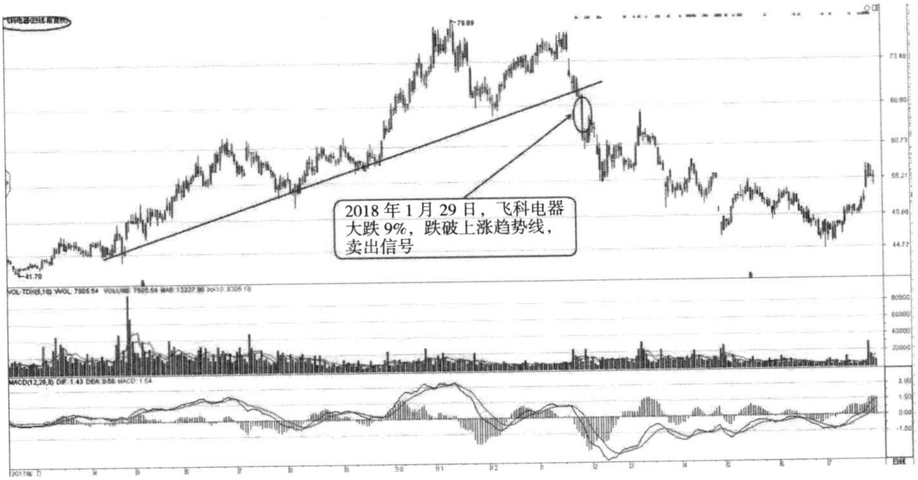

图 17-8　飞科电器跌破震荡下行

再以大参林为例，如图 17-9 所示，大参林原来的趋势线走得很好，当它跌破趋势线的时候，出现了一定的反抽，这也是最后逃脱的机会，后面就出现了反复下杀。

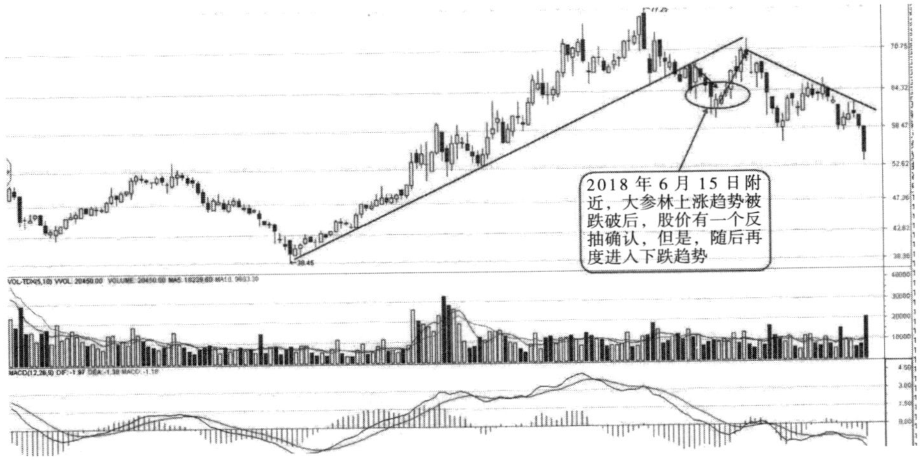

图 17-9　大参林跌破反抽确认

五矿稀土也一样（见图 17–10），它是周线趋势线跌破，杀伤力更大，因为周线的能量比较强，不像日线，日线的杀伤力还没有那么大。周线一旦跌破的时候你就要迅速出来，否则，杀跌幅度是非常大的。

所以大家要清楚，有些时候短周期的哪怕跌破了趋势线，只要周线和月线依然向上的话，你就可以坚定地看好并顺势做差价，但是，如果周线和月线也跌破了上涨趋势线，那就预示着要进入一个比较大的熊市周期，这时你就得小心了，可能就要采取逢高坚决抛售的策略。

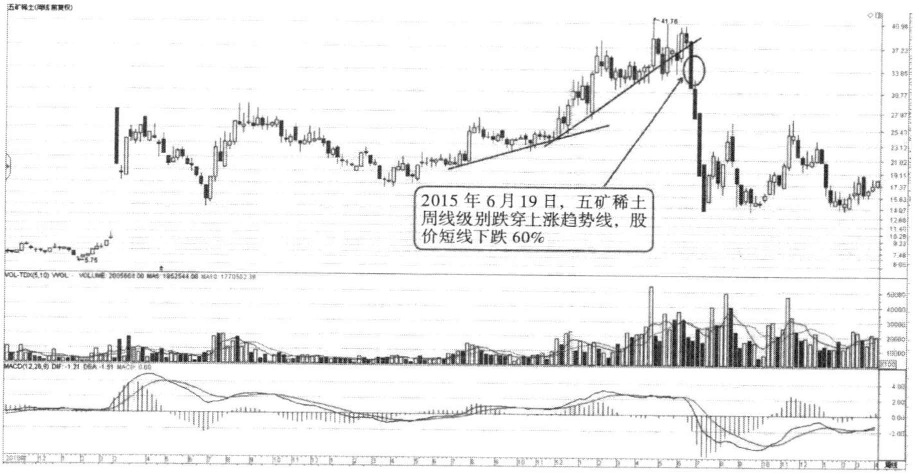

图 17–10　五矿稀土周线趋势跌破

深成指就是如此，它是月线级别的，当它一旦跌破趋势的时候，调整幅度是比较厉害的，而且时间也非常长（见图 17–11）。这种趋势线的改变，影响是很深远的。

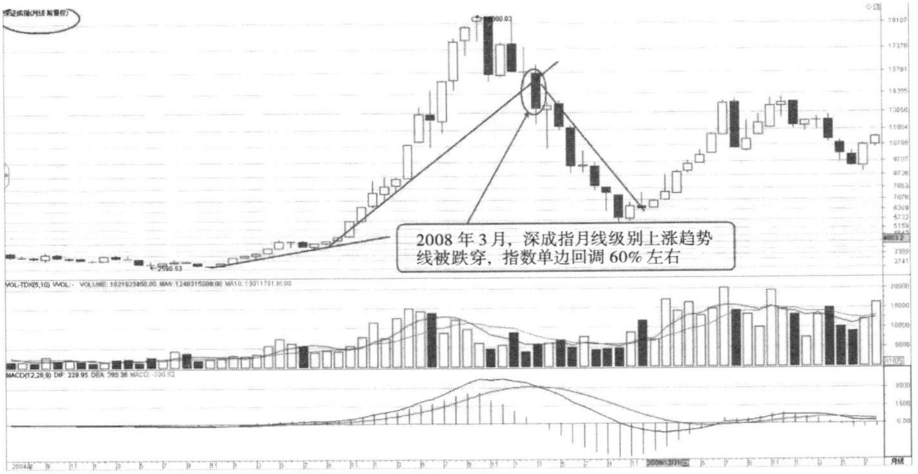

图 17-11　深成指月线趋势跌破，大级别调整

我们要善于发现趋势线改变时的这种蛛丝马迹，有些时候，像前面讲过的跌幅超过 5% 卖出法，跌幅超过 5% 往往也就是趋势线有可能改变的前兆，当它出现了，后面慢慢地就会出现趋势的变化，那么这时你就要进一步地卖出。对于普通投资者来说，最重要的还是需要挖掘更多的成长股，它的长期趋势通常向好，那么在这个好的趋势中，可以随便去做差价做波段，赢的概率就会比较大。但是，你一定要尊重趋势，因为趋势一旦形成，威力是巨大的，不论是上涨还是下跌。在上面的案例中也看到了，日线的上涨趋势被破坏后，后续多为震荡下行与横盘整理；周线或月线的上涨趋势一旦被破坏，短期内大概率会大幅度下跌。所以，一旦跌破趋势线的时候，最佳应对策略一定是减仓或者清仓离场。如果是不熟悉的公司，一定不要心存侥幸，等待反抽。只有那些你非常熟悉并对它很有信心的公司，才可以先减仓等它反抽，甚至是延续原来的升浪。

本章小结

（1）日内分时回落 5% 卖出法，主要是判断主力筹码是否出现大幅分歧，然后卖出。也就是说，超过 5% 的累计跌幅，同时有一定放量，有一定的分歧，它之前的涨幅又比较多，那么就有可能改变趋势了。

（2）跌破上升趋势线卖出法，是指股价在波动过程中如果跌破上升趋势线，就意味着行情可能出现反转，由涨转跌，此时应减仓或离场。这种卖出法的判断依据就是跌破上涨趋势线的 3%，以及 3 个交易日无法收回。一旦都吻合，那就有可能趋势出现反转，由涨转跌，这时就应该果断地进一步减仓或者是离场。

我们介绍的这两种卖出法其实是息息相关的。在趋势走得比较好的过程中，突然间出现分歧了，有了分歧，那么趋势才有可能发生改变。所以，我们要选择好的卖出点，就得从有分歧开始去做准备工作。当然，很多时候我们要细微地观察，善于去发现分歧点。当你发现了之后，再去看趋势，尊重趋势的力量，顺应趋势，根据趋势采取相应的策略，只有这样，我们才能更好地去把握机会并回避风险。

第十八章

如何进行系统的复盘

学前须知：本章主要分享的是如何系统性地复盘，这是需要每天都坚持不懈完成的，只有坚持复盘，才能感知并清晰整个市场。

内容等级：★★★

一、复盘的基本概念与目的

1. 什么是复盘

复盘来源于围棋，是指对局结束后，对整个战况再做一个回顾，思考对方每一步的用意和实际效果，以提升自身棋力。用在股市中，就是一天的操作下来后，你要从头开始复习一遍，看一下都发生了什么，然后做出一些思考或者总结。

棋局中的每一步都会使局面发生变化。复盘股市最核心的目的是发现和理解异动，让你走出最优的一步。比如对棋局复盘后，以后对弈再走到这一步时，就会很清楚接下来要怎么走最好，这就是复盘的核心。

复盘最终肯定会提升你的投资水平和理解力，培养你的盘感。所谓“熟读唐诗三百首，不会写诗也会吟”，当你看多了各种棋路，自然对各种应变就会了然于胸。通过不断的复盘，对各种盘面的复盘，那么你的盘感也自然会提升到一个新的境界。

复盘过程中，我们要关注出现异动的那些点。异动是指一切异常的变化，凡是有异常的变化，我们就定义为异动。可以重点看这几个点，第一个是成交量，比如这只个股的成交量突然间放大或者缩小，非常明显，这是我们要看的。第二个是股价本身，股价今天是涨停板还是跌停板，是高开低走、急涨急跌还是新高新低、走势突变，凡是这种有点戏剧性的变化，都是我们关注的点。第三个是突发事件，包括宏观政策、行业动态、经营动态以及媒体曝光等，这些也是我们关注的点。

2. 复盘需要得出的基本结论

复盘的目的，就是要通过它来解决自己有疑惑的一些问题。例如：当天主流资金和人气聚集在哪里？市场弹性最好的板块和个股是什么？白马蓝筹和主题题材分别表现如何？人气板块是什么，核心龙头股是哪几个，涨跌幅靠前的板块或个股是否具有持续性？复盘的时候把这些问题都解决了，那么，你对整个局势的发展或现状就会了然于胸。然后再通过这些点点滴滴进一步地去深究，思考市场的赚钱效应所在，也就是接下来的资金流向，我们的机会在哪里。如果复盘之后找不出未来的赚钱效应，发现不了未来的机会，那么接下来肯定就是风险大于机会了。

（1）当天主流资金和人气聚集在哪里？

成交额榜可以覆盖到成交额超过 3 亿元的股票。因为熊市或存量市场流动性相对较差，大额成交就是异动的一种，所以，通过成交额榜可以了解资金动向和人气所在。成交额比较大，说明了资金的流向，因此复盘很有必要，从成交额的排行榜你就能感知到一些蛛丝马迹。

大家可以在例如成交额前 100 名的股票里，不断地去筛选，找到资金流向的地方，看看这些股票和板块是不是具有弹性。如果它们的流动性好、容纳资金大、弹性大，那么涨起来也很快。当然，这是一把双刃剑，弹性大，意味着涨起来很快，跌起来也很迅猛。

（2）市场弹性最好的板块和个股是什么？

我们要客观地去看待弹性的问题。如前所述，弹性是把双刃剑，弹性大的，其充沛的流动性为超额收益创造了可能性，但同时波动风险也在加大，所以，在参与弹性大的标的时，要思考你的风险是什么，你承受的极限在哪里，想清楚这些后你就会从容多了。

弹性是相对的，比如证券是大金融里弹性最大的板块，但相比次新股的一些板块，它的弹性就要小一些。我们通过观察、复盘，就能对此得出一些具体的结论，然后再结合你的操作策略，慢慢地往更成功的方向走。

弹性与振幅高度相关，所以，可以通过振幅排行榜来寻找那些弹性好的板块和个股。振幅排行榜中振幅比较大的个股，往往也意味着它的弹性比较大，有流动性、有弹性，这样的个股往往值得我们进一步研究。

（3）白马蓝筹和主题题材分别表现如何？

市场一般包括两种不同的力量：白马蓝筹和主题题材。白马蓝筹由“正规军”机构主导，主题题材由“山大王”游资主导，二者的主导力量是固定的。市场风格变化大，机构与游资谁掌握更大的场内定价权，谁就决定了当下的市场风格。而主题题材往往是散户整体体量巨大，但不集中，无法自发形成主导力量，只能被引导。散户之所以被称作“韭菜”，就是因为它会被市场牵着鼻子走，因此散户要赚钱，就要看透这个本质，在被引导到极端的时候，要选择反向操作，这是避免成为“韭菜”的一个很好的方法。

清晰了白马蓝筹和主题题材的区别之后，我们只要找到里面流动性和弹性好的板块，就知道应该怎么玩了，如果是白马蓝筹机构主导，那么我们就可以做趋势；如果是主题题材游资主导，那么我们就可以做波段。

如图 18-1 所示，是 2019 年上半年的上证指数行情，里面就是由各种资金主导的。刚开始的时候多是一些大机构主导，引领上涨，这里是由外资主导开启的，核心资产先于大盘见底；接下来这个阶段是游资主导，很多题材像 OLED 等表现活跃；然后是国内机构主导，各路资金进来，题材蓝筹轮番表现，进入轮动；最后，在严峻的国际形势下，外资砸盘下跌，因为它有场内定价权，包括大机构，一砸盘，资金流出，整个走势也就被影响了，无论是白马蓝筹还是主题题材都难以避免。

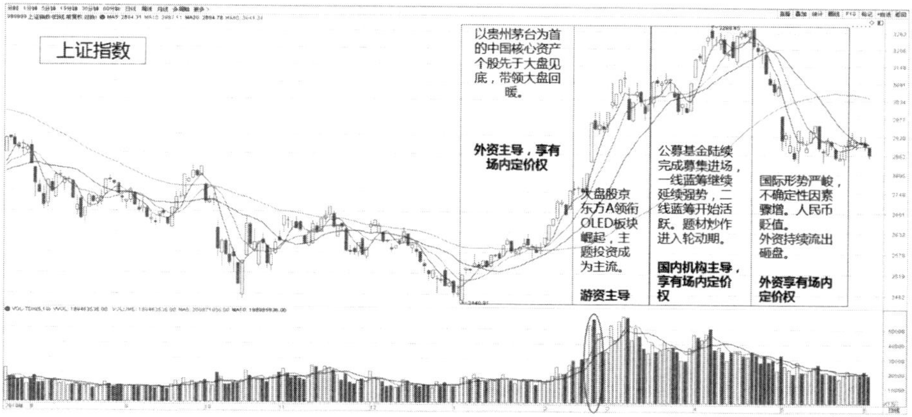

图 18-1　2019 年上半年上证指数行情

如图 18-2 所示，就是阶段性指数博弈过程中的本质的生态演绎图。

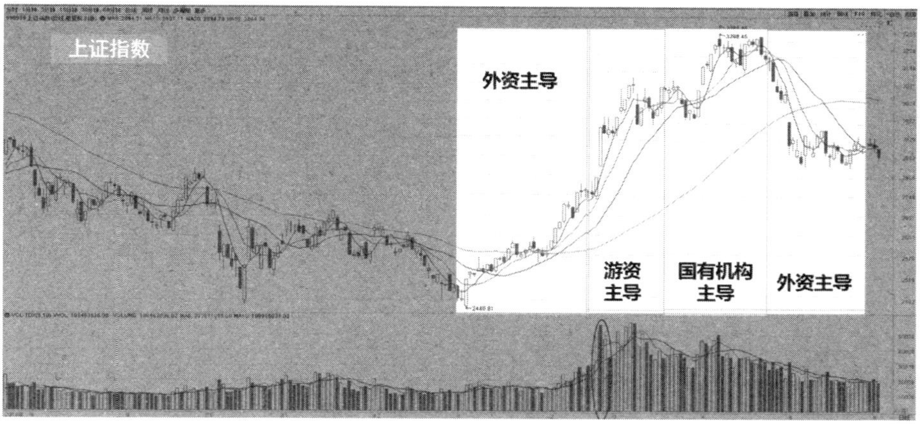

图 18-2　阶段性指数博弈过程演绎图

（4）人气板块是什么，核心龙头股是哪几个，涨跌幅靠前的板块或个股是否具有持续性？

人气板块和龙头股代表了当天最佳的赚钱效应，很多时候不止一个。

在表现上，大多时候是“一日游”，沾上概念起飞一会儿，但没有什么持续性。所以，我们要重点挖掘那些有持续性的，找到其上涨的逻辑，这就得去研究这个行业板块和个股的基本面和成长性。一旦发现有上涨逻辑和持续性，又能够参与其中，那么赚钱就是大概率的事了。就比如 2019 年上半年，证券板块是人气板块，又是个主流板块，有些个股是龙头股，如果你参与进去了，自然会获利不小。

二、复盘六步擒龙法

梳理完复盘的基本情况后，我们开始进入第二个环节，教给大家一个实打实的复盘方法，即六步擒龙法。这六步，第一是看各大指数，第二是看盘面涨跌，第三是看热点强弱，第四是看个股复盘，第五是看龙虎榜，第六是看新闻消息。

1. 看各大指数

复盘过程中，我们主要是看 8 个核心指数：上证指数、上证 50 指数、创业板指数、沪深 300 指数、深成指、中小板指数、中证 500 指数、中证 1000 指数。其中，重点是上证指数、上证 50 指数和创业板指数这 3 个，后面 5 个是次重点，也就是补充。正常来说，看前面这 3 个重要的指数足矣，但是如果你想了解得更细的话，也可以看看后面 5 个。

2. 看盘面涨跌

首先，每天要去看龙虎榜（红盘绿盘数据）和涨跌停数据，感受市场情绪的热度和风险偏好度。比如今天很多个股涨停，没有跌停，那说明情绪比较不错，风险偏好、指数比较好。但是，如果今天很多跌停，涨停的个股很少，那显示的结果就是相反的。所以，通过涨跌幅的数据，就能感知市场的热度和风险偏好。

其次，要看一下涨幅超过 5% 的个股情况，这在一定程度上是对涨停板个股的一种补充。如果涨幅超过 5% 的个股很多，那说明市场的热度是足够的，反之，则说明市场热度是欠缺的。

再次，要看看成交额比较大的个股情况。可以看成交额排名前十或者 5 亿元额度以上的个股，感知市场的资金容量。因为我们最终要看的是资金的流向，所以一定要看成交额排名前列以及成交额在一定额度之上的这些个股，感知它们目前的运行状况。

最后，就是看振幅突出的个股情况。振幅突出也就是所谓弹性，我们需要找到一些弹性大、成交额大、流动性好的个股。那么，对于振幅前 10 名或涨幅超过 5%、跌幅在 3% 以下的这些个股，都可以去感受一下，以了解市场整体的活跃程度。

盘面涨跌的数据其实有很多细节，可以多去感知，这样你对市场细节层面上的一些东西，就会有更加立体的印象。

3. 看热点强弱

热点的强弱是针对短线环节的。看热点强弱，我们就要从各大板块出发，掌握它的涨跌情况、成交额、运行格局，理清主线、风口、助攻板块。

首先，从热门板块出发，找出涨幅靠前以及连续上涨的个股，挖掘出它的上涨逻辑。而个股的看点就有很多了，比如历史的股性、流通盘大小、是否是庄股、周 K 线情况、解禁情况、减持情况、配股情况、逆转情况、被 ST（特别处理）的可能、覆盖题材面等，一般做短线，看清楚这几点就可以满足需求了。

其次，从调整板块出发，有些调整的板块里可能会有反弹或者是有二次上涨逻辑的板块，找出这些后，再去筛选个股。

最后，从跌幅榜出发，找到有可能符合超跌反弹条件的热门板块。这个其实和第二点息息相关，因为调整板块往往有时调整幅度比较大，就掉入了跌幅榜。但同时调整板块又可能从热门板块衍生出来，因为它前段时间很热门，现在需要洗礼，那么就变成调整，有可能它们还会有二次表现的机会。所以，要通过这些细节去发现蛛丝马迹，找到逻辑，这样也就敢于在调整当中参与进去，一旦迎来第二次或者第三次上涨，那就非常漂亮了。

4. 看个股复盘

个股复盘有七大看点，一是涨跌停板数据复盘；二是涨跌幅 5% 以上的个股复盘；三是振幅、成交额以及量比复盘；四是复牌股、新股、次新股的复盘；五是被砸后留下上影线的复盘；六是近期活跃龙头的复盘；七是新高新低股票的复盘。

当然，我不是说每天都要这样去看，但是要明白，这 7 个看点都是值得我们去关注的。有些时候作为初学者就要辛苦一点，初期时多去看一看，这样你的盘感自然就会慢慢地提升。等到中后期的时候，你也就可以慢慢地减少看的频率，就像看书一样，由厚到薄，先加法再减法。

对于已经有一定功底的人，可以在这 7 个看点中进行重点筛选。比如你这段时间的重点是找龙头，那就专门去看近期活跃的龙头的复盘。对应每一个领域，你都要去复盘，复盘就是要从头到尾去看它盘面的这种博弈，从博弈中发现异动的点，然后得到启发。这与教大家如何整体复盘的逻辑是一脉相承的，整体复盘的话，需要从各个点去发现异动点，那么个体复盘就要从这个点的运行动态去发现更小的点，复盘就是这么来的。有时候虽然很辛苦，但是我认为是值得的，因为很多机会就是在复盘中获取的，未来的格局演变只有在复盘当中才能看得更清晰。

（1）涨跌停板数据复盘。

涨跌停板是A股专属涨跌停制度下的产物，它代表市场最为活跃、最为关注的一批股票。所以，涨跌停板复盘是我们很多时候需要做的事情，具体关注哪些内容，如图18–3所示。在同花顺问财上也对很多内容都做了初步的梳理，大家需要的时候可以访问查看，以节省时间。

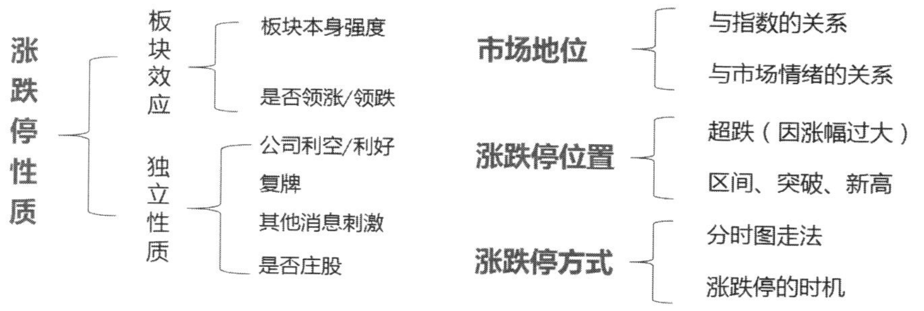

图18–3　涨跌停板数据复盘内容

（2）涨跌幅5%以上的个股复盘。

复盘涨跌幅5%以上的个股，是对涨跌停板复盘的一种补充。5%以上是一种“蠢蠢欲动”的涨跌幅，也能说明市场流向的动态，你看过这些，才能知道资金流到了哪里。

（3）振幅、成交额以及量比复盘。

振幅、成交额以及量比复盘，主要涉及弹性、资金容量以及活跃度，这些是我们最常看到的异动点，也是我们要观察的异动点，要顺着这个异动点追根溯源，找到更深层次的东西。

（4）复牌股、新股、次新股的复盘

对于复牌股的复盘，一定要去看它有什么新公告，重点在于挖掘它的基本面变化。有些时候一复牌之后涨出一字板，那你无非就是判断它开板之后有没有继续向上的空间。如果有，那就值得做；如果没有，那就选择观望。复牌后有些下跌的，就要知道它下跌是理性的还是非理性的，下跌之后有没有修复的可能性，这也是我们要思考的，机会可能就在其中。

新股和次新股的复盘，首先要重点观察市场整体的氛围，看市场现在是属于什么运行格局。其次，在这个过程中要看 IPO 的核发情况，以及新股涨停板的数量，通过这些也能感知到市场情绪的起落。如果涨停板个股很多，IPO 核发的数量不多，就说明现在市场还是比较活跃的，反之，则说明现在市场比较低迷。最后，还要看次新股的整体情绪、市场氛围、盘子、股价等。这样，我们越研究越细，就越能感觉到更多的异动点，复盘的价值也就越大。

（5）被砸后留下上影线的复盘。

被砸后留下上影线的复盘，就是找出有反包可能性的个股。因为有些往往有可能是“投石问路”或者“仙人指路”的试探性上影线，并非股票上攻失败；也有些是被恐慌盘砸出来的阴线，并非股价理应下跌。所以，关键是判断它上涨是不是还有逻辑支撑。如果有逻辑支撑，那上影线对你来说就是机会，而不是风险。以中信建投为例（见图 18–4），2019 年 1 月 9 日出现了上影线，后面可以看到，它是还有一个更大升浪的前兆。

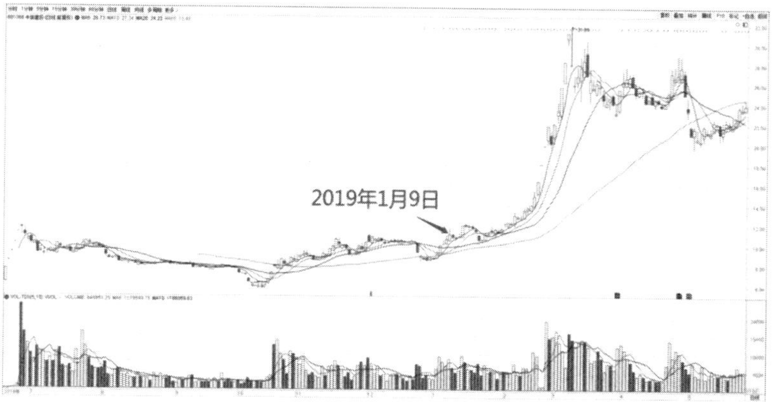

图 18-4 中信建投 2019 年 1 月 9 日出现上影线

（6）近期活跃龙头的复盘。

复盘近期活跃的龙头，要提前准备，建立近期强势龙头的股票池，为主题轮动做好前期准备或者做龙回头。龙回头也就是第二波上涨，或者是调整一下再上攻，主要是为了方便把握龙头反包、龙头二波、N 字板这些机会。

（7）新高新低股票的复盘

新高股票，特别是创历史新高的个股，对市场赚钱方向具有很强的指引作用，是极其重要的异动。因为发现了新高的异动，又找到了逻辑，当然可以顺势而为，会有很大的成功率。新低股票，特别是创历史新低的个股，具有很强的警示作用，对看清市场风险所在有着重要意义。比如 2019 年上半年，很多 ST 个股创新低，说明市场的风险点就集中在这里，我们在博弈时就应该规避这些风险。这也体现了新低复盘的价值。

5. 看龙虎榜

看龙虎榜，主要是进行 6 项复盘。一是了解最有实力资金的最新动向；

二是了解机构都在买卖哪些股票；三是了解热点股票买卖的资金方向是什么风格；四是了解买方资金是合力还是独食；五是了解买方和卖方的力量对比；六是了解买卖双方是否发生变化，是锁仓还是砸盘。

如图 18–5 所示，传媒类上市公司新媒股份是一个次新股，2019 年 5 月 9 日跳空大涨，出现在龙虎榜中。从盘后数据来看是各路机构合力使然，这是一种机构认可其基本面成长性以及未来趋势性行情的体现。所以，后面就发现，整体是有个趋势走出来的。通过这个案例，就能给到我们如何去运用龙虎榜进行感知的方法。

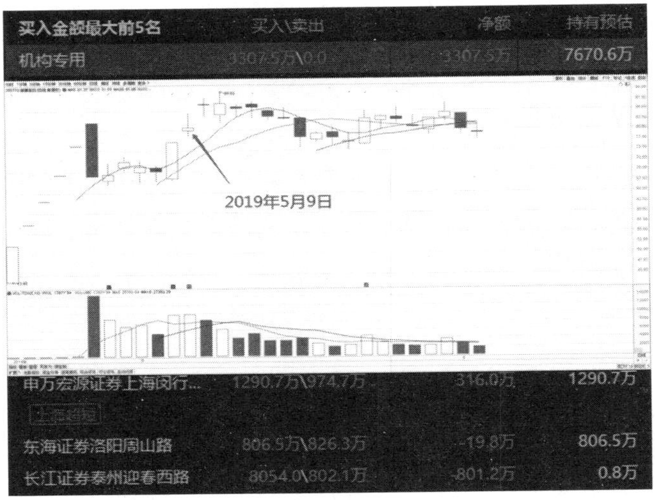

图 18–5　新媒股份跳空大涨

再以金逸影视为例（见图 18–6），它在 2019 年 5 月 30 日分时剧烈波动异常，股价显得非常随性。从盘后龙虎榜数据看到里面的资金博弈非常激烈，情况很复杂，那么，这个时候我们更多的要选择观望，而不是参与。因为你看不出太多的端倪，甚至能感觉到这种博弈里存在很大的风险。所以，5 月 30 日之后，这只个股稍稍动荡之后就出现了暴跌的走势，也非常符合之前的这种思路。

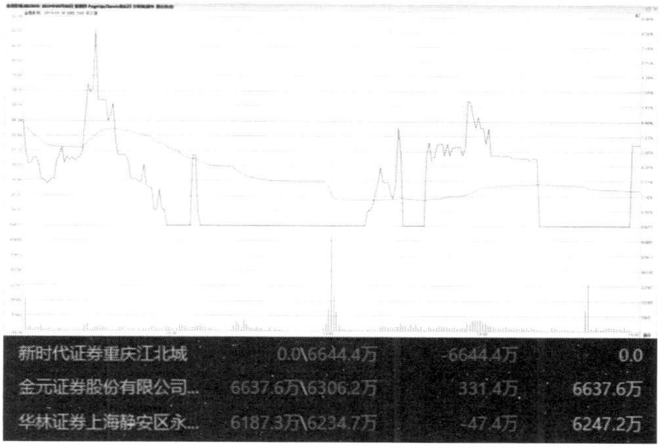

图 18–6　金逸影视分时剧烈异常波动

6. 看新闻消息

新闻消息有五大重点分类。

一是宏观的财经信息，在财经网站和各类股票 App 上可以查询得到，都能经常看。

二是微观的个股公告，在股票软件的公告栏里大多会有，也可以查询官方媒体、巨潮资讯等。

三是融资融券。要了解融资融券目前的整体市场运行情况如何，到相关的网站查询即可。

四是大宗交易。可以在东方财富的大宗交易网站查询，一目了然，每天的大宗交易、过去的大宗交易信息都有。

五是 IPO 信息。像中财网等很多网站都有相关的栏目可以查询。

通过对这些新闻消息的了解，就可以让你建立起一个对市场整体的立体思维。

本章小结

通过本章的学习，对构建你的复盘体系应该有很大的帮助。总的来说，复盘就是这样循序渐进，有大有小，越挖越深，最终就是找到更多的异动点，做出更好的下一步决策。我们在讲述中已经把很多节点做了细化，希望大家可以反复地去学习、去感知、去实践，只有在实践中才能够不断地提升自我。

第十九章

建立适合自己的盈利系统

学前须知：本章主要是分享打造适合自己盈利系统的方法。很多股民都有不同的职业，也有不同的资金量，还有不同的心理承受能力。每个人都有不同的情况，那就要构建适合自己的盈利系统，这样才能走得更长远。

内容等级：★★★

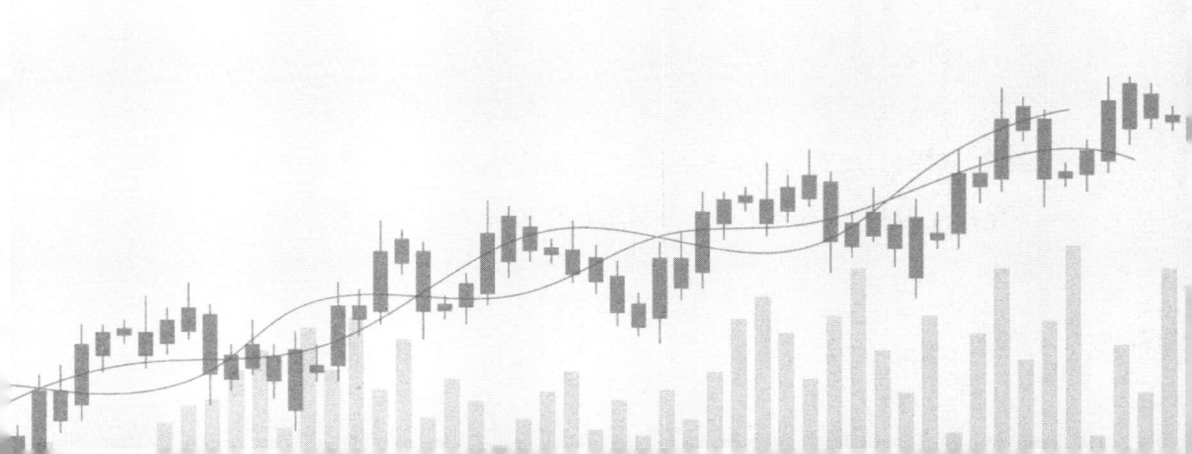

一、建立正确的投资观念和思维

首先问大家一个问题：是一年赚三倍好，还是三年赚一倍好？

有的可能会说，当然是一年赚三倍好，赚得多呀；也有的会说，三年还能赚一倍，那是高手啊，这才是最后的赢家。

其实，不管选择哪种答案，关键是我们要关注到一点，逻辑和运气都能非常明显地影响到投资成果。一年赚三倍很多时候是有一定的运气成分，如果排除运气成分，纯粹是靠逻辑把握，那么一年赚三倍绝对是非常好的。而三年赚一倍，靠运气的成分就比较少了，但如果是靠逻辑把握，而且能复制复利，有持续性，那这样的结果也是顶呱呱的。

所以，不论是三年赚一倍还是一年赚三倍，关键就在于投资获利的持续性，这个逻辑是不是还有，而不是完全靠运气。因为逻辑可以复制，但好的运气是不能复制的。

很多时候，一年赚三倍，这种阶段性的暴涨，它的源泉是情绪的推动，也就是主题的炒作。主题炒作的本质，即它不是投资公司本身，而是以游资为代表的炒作投资筹码短期的价格波动，用短期的关联热点做情绪的推动。这个主题一旦退潮，就会发现差的公司会一地鸡毛，而好的公司因为有基本面或成长性的支撑，调整就相对有限。所以，选择一个主题投资的时候，你要看清楚它背后到底是有题材的支撑还是只有情绪的支撑，这是非常关键的。前者注重的是成长、注重的是基本面，后者注重的是博弈、注重的是投机。显而易见，后者的风险是比较大的，前者的风险则相对较小。

以飞马国际为例。《粤港澳大湾区发展规划纲要》中明确提到了构建现代化的综合交通运输体系和推进生态文明建设，国家物流枢纽布局建设全面启动，大力建设地区有影响力的物流枢纽，飞马国际主营“供应链管理+环保新能源”，成为深圳地区的重点物流企业。

如图 19-1 所示，一开始炒的是粤港澳大湾区建设主题，飞马国际迎来一波上涨行情，此后因为国家建设物流枢纽，飞马国际又有了第二波上涨，短短不到三个月的时间翻了三倍多，买到它的人一年赚三倍已经实现，非常精彩。

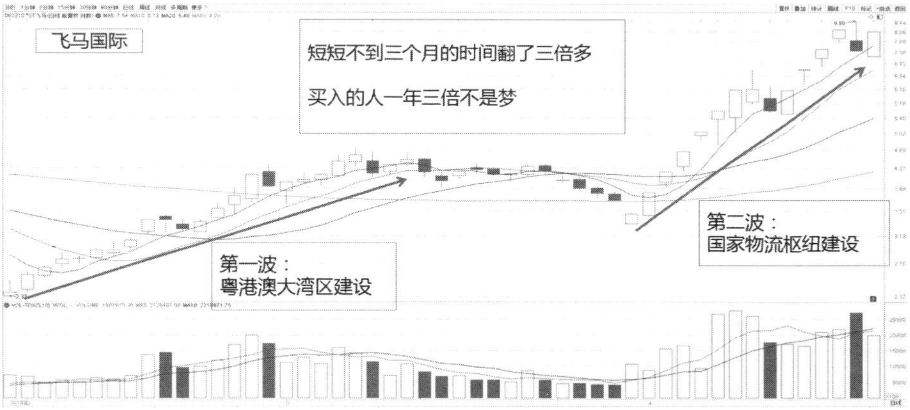

图 19-1　飞马国际两波上涨行情

虽然飞马国际的概念贴合度很高，但公司本身并没有看起来那么好，它的成长性和基本面并不如它的股价那么精彩。

飞马国际 2018 年的业绩预告大幅亏损，然而这却成了起涨的时间点，有借题材炒作的嫌疑。即便短期利空预期落地，但仍然改变不了其劣质公司的本质，而且立信会计事务所给出“无法表示意见”的审计报告，这已经是暗示了其财务报表有造假嫌疑。所以，后来当它的财务造假坐实后，股价就吹响了退市的冲锋号，如图 19-2 所示。

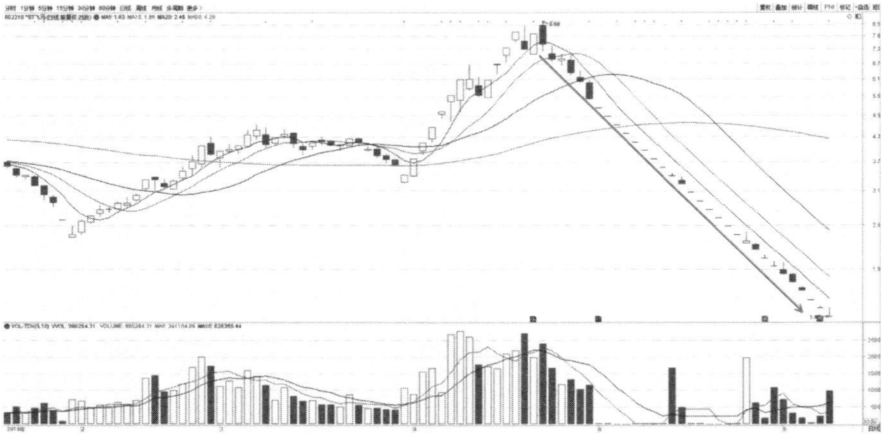

图 19-2　飞马国际后期连续跌停

很显然，风险警示从起涨时就已发布了，但那时候大家都不管那么多，先炒了再说，以为更多的是机会而不是风险，但是一旦退潮的时候就领教到这个风险的残酷性，哪怕是你在起涨点这个位置买入，最终也还是要亏大钱。

飞马国际的案例给到我们一个很好的警示：投资股市，不是追求一时的财富，而是要追求长期的财富。一时翻个两倍三倍是好事，但还是要尽量寻找那些有基本面支撑、有成长性支撑的去投资，否则，一不小心就可能让你失去翻身的机会。

所以，我们一定要建立属于自己的正确的投资观念和思维，明白我们买的是未来，不是当下。我们要提高自己的认知，深究投资逻辑，减少运气对交易成果的干扰，最终打造能够产生持续盈利的投资体系。

就我自己一直信奉的投资哲学而言，可以凝练为 9 个字：提前、坚持、深度、大格局。很多时候市场行情变化无常，因此我们的准备工作都要提前去做，看准了一个方向，要懂得坚持，懂得去深度研究，同时格局要足够大，这样才能把握到更好的未来。我的投资理念在前面已经多次讲过了，就是十二字箴言“成长为王、引爆为辅、博弈融合”。成长为王，就是要重点关注公司基本面，买的是未来，而不是当下；引爆为辅和博弈融合，无非就是技术面、心理面、资金面和操作面等的融会贯通，起着辅助性的重要作用。这几个方面融合起来，慢慢地属于你自己的盈利系统就会建立了。

二、设计属于自己的交易系统

如何设计属于自己的交易系统，这是我们必须要思考的问题。

交易系统就是从选股、建仓、持股到最后售出股票的思维决策全过程，一般包括中长线投资和短线博弈两种类型。中长线投资的盈利模式，就是选择买入优质成长型的公司与它共成长；短线博弈的盈利模式就是博弈市场短期人气热点，把握情绪溢价和流动性溢价。二者买的都是未来，不过一个是买长期的未来，更在乎的是中线和长线的情况，另一个则是买短暂的未来，快进快出。

1. 中长线投资

我经常挂在嘴边的一句话，就是“功夫在诗外”。很多时候你想写出能感动人的诗，需要大量的阅历、大量的体验、大量诗以外的感悟，然后融入你的诗里，最终才能得到一个升华。股市打拼也是如此，你准备要投资的这个过程，就得去理解宏观和微观的经济导向，也就是大势，深度研究一些行业驱动，以及上市公司内在的基本面，这些都属于“功夫在诗外”的范畴。

中长线投资既然买的是未来，就不要太在乎盘面的波动，你需要管理的就是情绪，不以盈利狂喜、不以浮亏悲观，坚定对未来的信仰。当你梳理好你的逻辑之后，只要始终坚持正确的投资理念，最终市场一定会以极大的收获反馈给你。

仓位管理也是中长线投资的一个很重要的环节，那么，该采取集中投资还是分散投资，是因人而异、因资金体量而异的，具体问题要具体分析。

新经典是我们之前做过的一个标的。它是文化产业，乃大势所趋，知识产权保护深化，也为出版类公司提供了估值修复的行业驱动力量，受到行业的利好影响，它成为第一家民营出版上市公司，是同行中的佼佼者。它扎根文学领域，衍生出少儿领域等，人才团队眼光独到，所以它的作品能够经久不衰，堪称“印钞机”。我去公司做过调研，他们只是租了两层楼，二三百号人，属于轻资产，却能创造出很大的利润，充沛利润带来的充沛现金流，为公司未来的多元经营提供了有力的保障。

像文学类的这种出版企业，以后涉足电影是顺理成章的事，所以未来它的上下游，也是它一个卖点的整合。它的走势相对来说也比较强（见图 19-3），从上市以来基本上都挺对得起投资者的。如果在上市初始的 40 元附近低位买进去，持股到现在，你还是赚钱的，只是赚多赚少的问题而已。

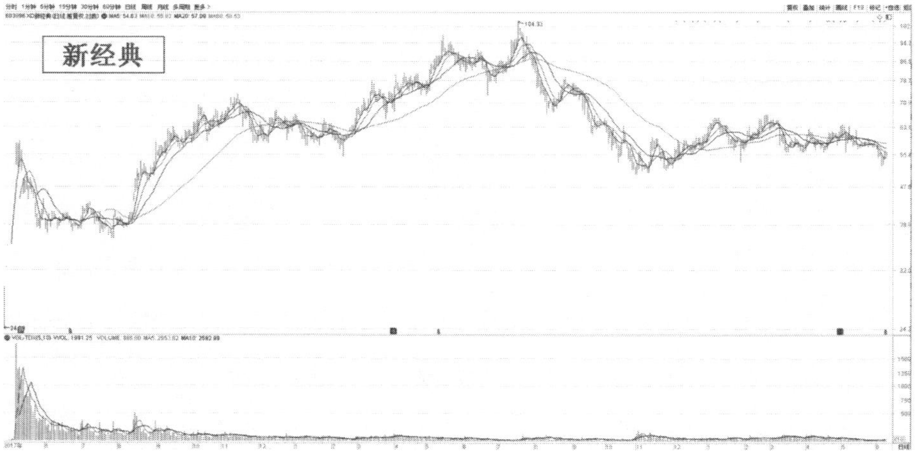

图 19-3　新经典上市以来行情走势

2. 短线博弈

选择短线博弈，首先，要清晰市场的赚钱效应和亏钱效应所在，研判热点的持续性，找到实质性的热点，抓住机会，然后规避有可能出现风险的点。

其次，要清晰市场当前所处的周期，判断现在的情绪是处于上升周期、下降周期还是反弹周期，不同的周期要采取不同的策略。上升周期当然是顺势而为；下降周期则是观望为主，但是也可以控制好仓位，以轻仓为主；反弹周期的话，就要结合当时博弈的事件、博弈的板块，灵活应对。

最后，要总结市场当下最为赚钱的短线手法。其实短线战法都有阶段性，偶尔这段时间灵，后面又不灵了，归根结底就是没有从盘面总结最为赚钱的手法。一种赚钱手法一旦被大部分人知道，至少就可能会阶段性失效。当然，我们还是需要不断地去总结，很多时候这种短线手法也有它的一个长期适用性，手法本身可能没有问题，而最终考验的是你的人性，看你有没有做到快准狠，尤其是“狠”这一点，是很多人不具备的。所以，有些时候方法是类似的，但是具体操作的结果会大相径庭，这就是情绪管理的差异性。

本章小结

（1）完整的交易系统由框架和细节组成。

（2）一切行之有效的交易系统均建立在正确的投资观念和思维之上。

（3）有所为，有所不为，为长期盈利打下基础。

（4）把握看得懂的机会，以大格局和主力思维看待投资。

（5）根据自身情况，在框架上做出适合自己的调整，把握体系内的细节。

建立属于自己的盈利系统，首先你的思维、理念一定要清晰。基本面太差的股票，哪怕它阶段性有三倍的利润，有些时候这样的机会也宁愿放弃，因为它一不小心就可能让你血本无归。我们要投资的是有未来的企业，对于这种企业，长期投资是可行的，阶段性投机一把也是可以的。

有了正确的投资观念和思维，接下来就需要清晰短线、中线这些不同的策略，慢慢地找到适合你自己的最好的方法，然后不断地反复实践，那么，你就有机会摸索出一套适合自己的交易系统，并且在后面不断地提升赢面，最终将它打造为属于你自己的盈利体系。

第二十章

龙回头战法

学前须知：本章讲述了一套比较有效的实战战法，即龙回头战法。从选股到买入再到最后的卖出，非常完整，相信会给大家带来一个惊喜。

内容等级：★★★

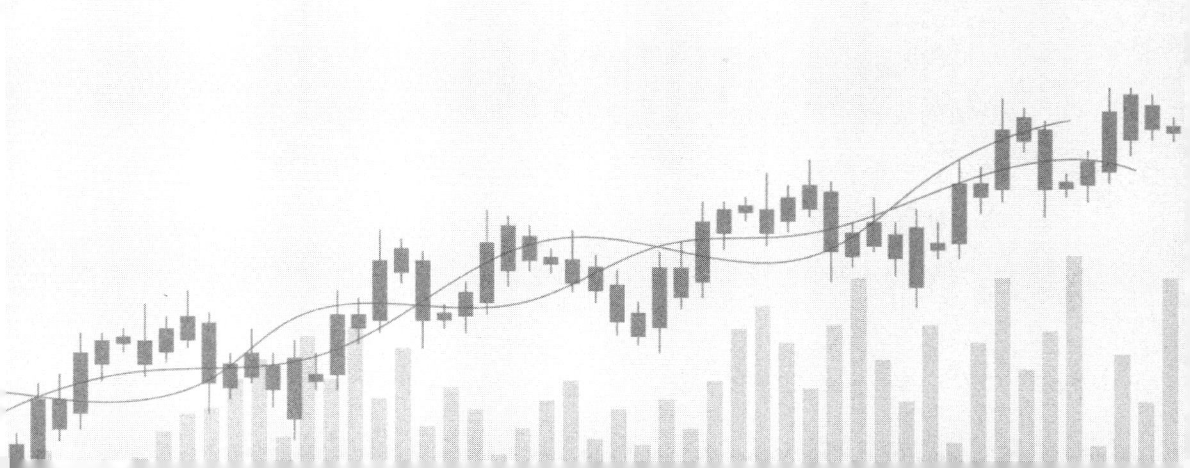

一、战法精髓

龙回头战法的精髓就是找到市场上最强势的个股，回调时低吸，好的话有第二波，差的话也会有反弹。因为很多时候股价第一波上涨会来得很仓促、很快速，迅雷不及掩耳，你不知道在什么位置介入，所以往往很多人会错过。不过，这次错过了之后，很多牛股大概率会迎来第二波上涨。那么，既然它有第二波，我们的逻辑也就在于，当它第一波结束出现调整的时候，我们在哪个位置介入，以分享第二波的收益。我们做的就是这样一个上涨浪，逻辑并不复杂。

二、选股标准

量化选股的标准包括以下几个要点。

1. 必须是波段刚启动的个股

波段刚启动时，股价经过充分调整后再次展开上涨，蓄势充分，展开好行情的机会往往比较大。要注意，必须是波段刚启动的个股，如果启动很久了，可能没有第二波都很正常。不过，如果股价短期涨幅较大，位置过高，就直接放弃。

如图 20–1 所示，宏辉果蔬从相对的低位启动，这个启动位置是比较理想的。这一波涨幅刚好在30%左右，随后出现调整。这个调整就是给到你逢低建仓的机会，如果我们在这里布局进去，那么第二波的利润就会吃得妥妥的，至少二三十个点，还是比较可观的。

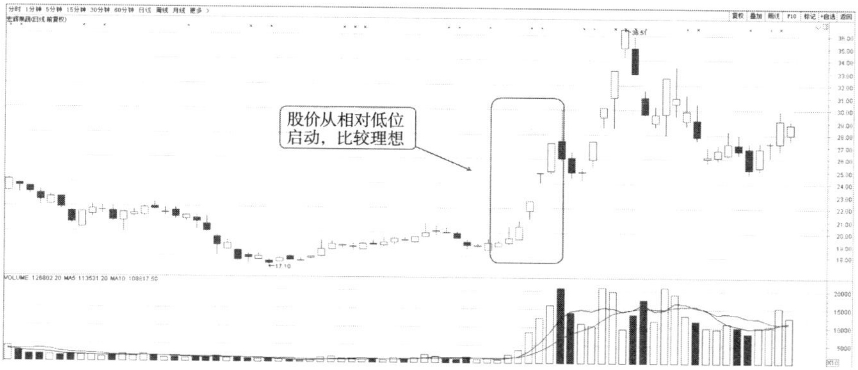

图 20-1　宏辉果蔬股价从相对低位启动

而如图20-2所示，江南化工很显然不是刚启动，而是属于高位的再启动。相对于前面的低位启动，这其实等于是第二波了。如果你提前进去还好，但是等调整到这个位置再去博它涨上去，很显然不合时宜。因为它不是刚刚启动的上涨，而是已经涨过一段时间，所以具有不确定性，那么我们就宁愿放弃这种机会。而且，它是处在相对高位，也不符合我们讲的龙回头的量化要素。

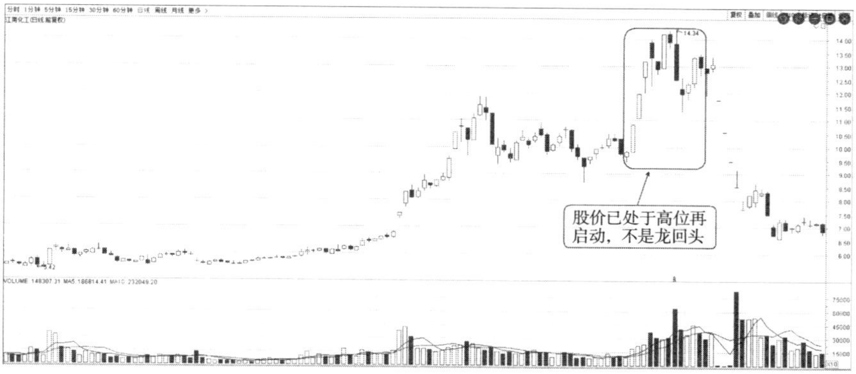

图 20-2　江南化工股价处于高位再启动

2.5 天内至少有 3 个涨停，涨幅至少 30%

龙回头的龙是其核心特性，龙肯定是比较强悍的，所以我们将其量化为 5 天之内至少 3 个涨停，涨势比较强，才有可能成为龙。从技术理论上分析，趋势非常强劲，所以回调之后延续原来趋势的可能性是比较大的，这样我们做第二波的赢面才比较大。因为只有第一波有了一定的利润，适当调整之后，才能够再发起第二波。当然，这个利润不能太低，否则反弹力度不够，有可能第二波就夭折了，所以我们将其定义为至少 30%。

如图 20–3 所示，粤传媒很显然符合这一特性，连续三个涨停板，第四天也一度冲板，涨幅也符合我们刚才说的 30%，还属于刚刚启动。然后一回调，这个低点就要注意了，这已经是给到你上车的机会了，后面如果再度上涨，至少十几个点的盈利机会是存在的。不过后面第二波上涨，就不要太恋战，一旦看到转势时要果断地出来。有些时候，第二波一涨完可能就会回到起点，这种案例很多。所以，龙回头的战法要点在于找到它的调整低点，一旦第二波上涨，也一定要找到相对的高点出来，做到快进快出。

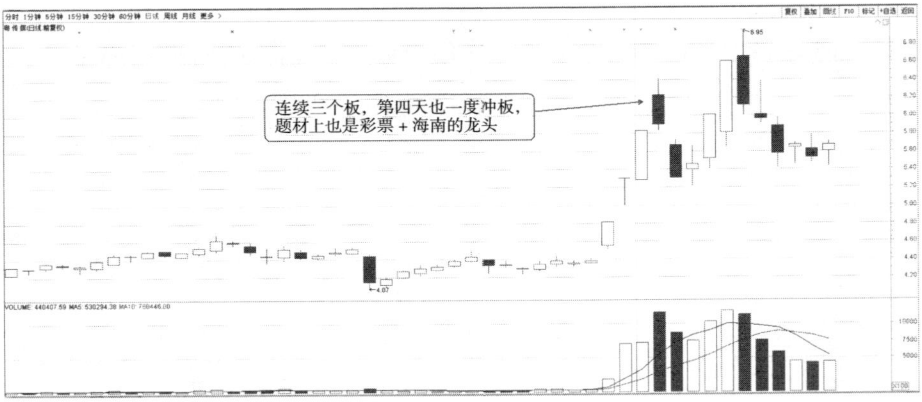

图 20–3　粤传媒明显符合龙的特性

而如图 20–4 所示，恒邦股份这里只有两个涨停，龙的特性不够强，说白了，都没形成龙，就不能做龙回头了，将它放弃即可。事实也是如此，它后面的走势就是滞涨，最后反杀，没有形成龙的特性。

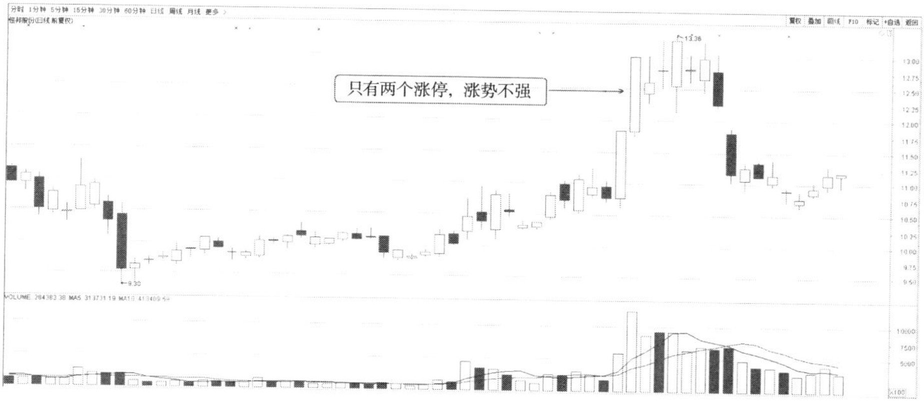

图 20–4　恒邦股份尚未形成龙的特性

因为龙的形成是不容易的，不是随便一个涨停板或两个涨停板就是龙了，所以我们强调的是它要成为市场的龙才行，这样它再出现第二波的概率才会比较大，否则参与进去肯定会有一定的风险。

3. 每个涨停板要有充分的换手率

每个涨停板最好要有充分的换手率，换手充分，则说明资金交投活跃，各路资金接力，多空双方推着成交量不断地往前走，推动股价上涨，那么最终就有可能会有比较好的收获。它的表现一般是看个股历史，比如今天换手率是 10%，如果它以前股性活跃，平常都有 10% 以上的换手率，那对比就不算高；如果平常只有 2%，今天一下变成 10% 了，那就很高了，证明有充分的换手率，说明这个涨停板比起平时的成交量要放大很多。所以，有连续放量，换手充分，成本抬高，市场交易真实，这种就是真龙，大概率有把握到龙回头的机会。

如果是一字板，未经充分换手，那么获利盘太丰厚，一旦开板，抛压会比较大，所以对于龙回头战法来说，成功率不高，要放弃。因此，就算是5天3个板，但是没有成交量，其实它也不一定是真龙，是有隐患的。

你会发现，要成为我们所讲的龙回头里面的龙并不容易，要求不断地量化，不断地完善条件，所以我们再去把握它的机会时，成功的概率才会更高。

如图20–5所示，奥特佳也是呈现5天3板的，但是其中两个是一字板，就是说前面的两个板换手不充分，这个就不是真龙了，而是假龙。假龙的话就有可能夭折，你看后面显然是夭折了。

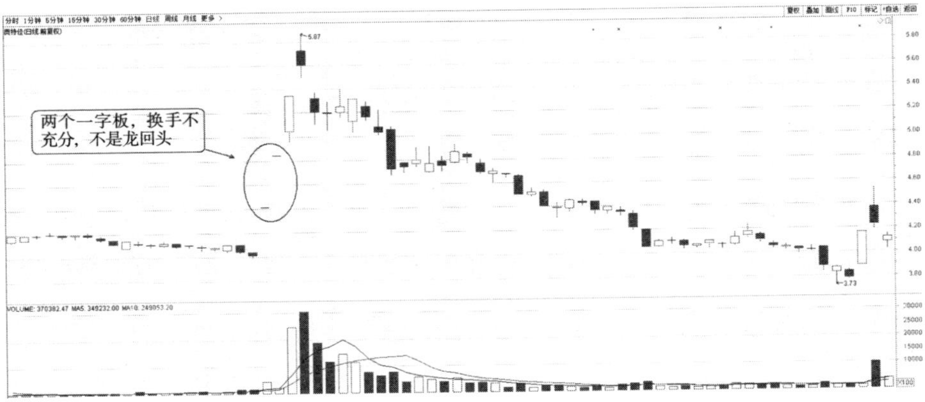

图20–5　奥特佳日线图

如图20–6所示，二六三这里也是缩量一字板，未经充分换手，后面一旦放量就比较麻烦了。所以我们不希望是缩量没有换手的，而希望是放量的涨停板，那样抬升成本比较真实，接下来一旦调整之后肯定还会再上涨。但如果全部是缩量，很有可能就是一个假龙，一步到位，机会就不大了。所以，对于这种情况要警惕，我们做的是我们看得懂的机会，看不懂的机会有些时候宁愿放弃。

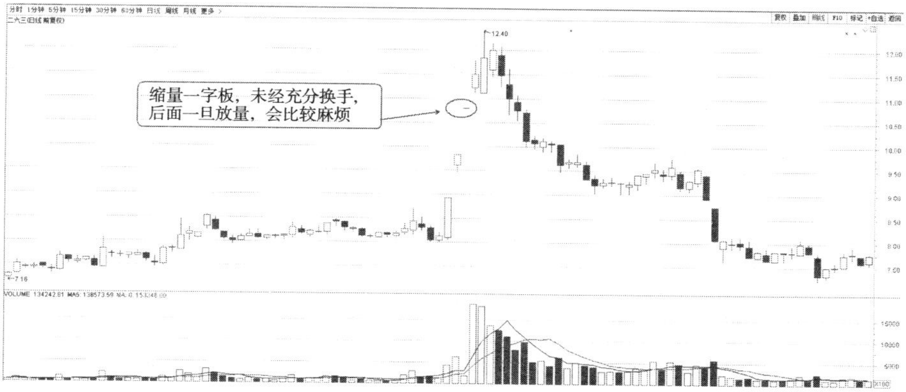

图 20-6　二六三日线图

再看九安医疗（见图 20-7），这里也是缩量一字板，到后面虽然也放量了，但是因为前面缩量太厉害，后面放量就一步到位了，出货以后就没有第二波的机会了，所以容易失败。

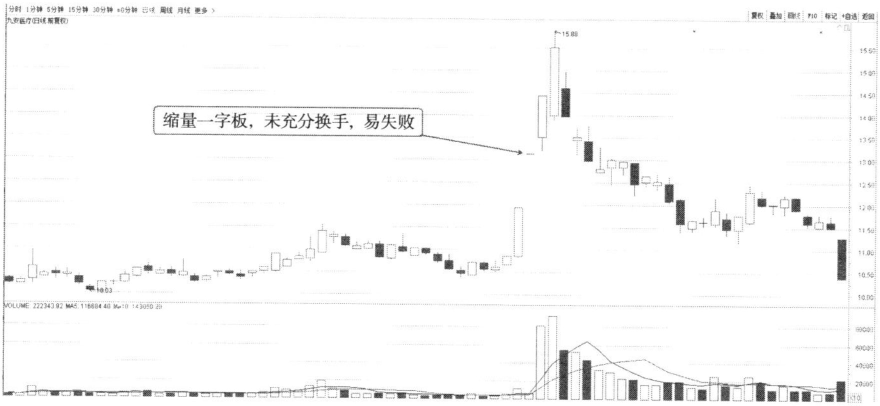

图 20-7　九安医疗日线图

回过头来看宏辉果蔬（见图 20-8），它就是比较标准的。每个涨停板都不断地有打开，放量换上去的，比较真实，那么它稍微一调整，然后再上攻，就非常精彩了，这个过程就体现了龙回头的真谛。

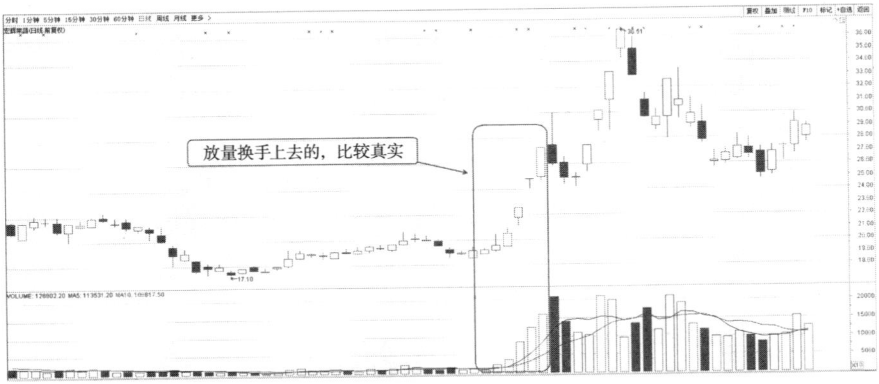

图 20–8　宏辉果蔬日线图

4. 第一波涨幅超过 100% 不选

第一波涨幅不能太大，如果超过 100%，很有可能里面的资金就不搞第二波了，第一波结束就直接出货不玩了，导致龙回头的成功率下降。所以，我们要找那种第一波涨幅至少有 30% 但不要超过 100% 的，然后找到它的调整低点，去做第二波的上攻。

如图 20–9 所示，天马精化从低位启动，一波流畅的上涨，很漂亮。但是它一直没有回头，直接涨到翻倍了。因为它涨幅太大，一步到位了，所以后面没法呈现龙回头，反而导致高位出货，最终回到起点的走势，这种风险是极大的。

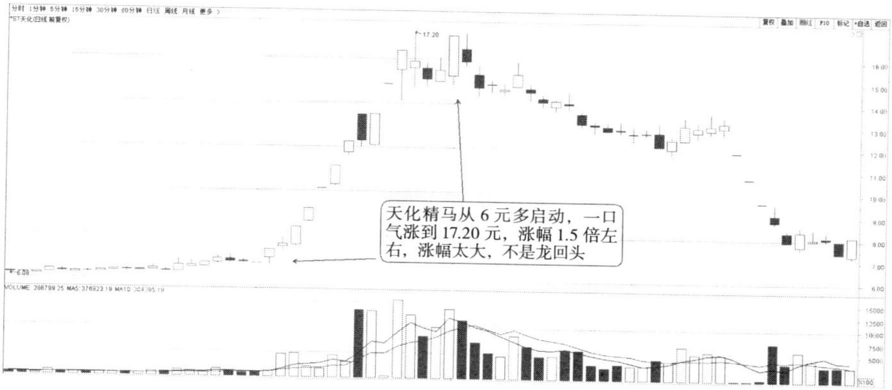

图 20-9 天马精化日线图

中科信息也是一样（见图 20-10），它不断地接力，在这个上涨过程中没有明显的调整，也是一步到位的，没法形成真正的龙回头的波动走势。所以，有些时候涨得太猛并不是一件好事，过犹不及，太过了就容易一步到位，后面会直接反杀，也就没有给你第二波的机会了。

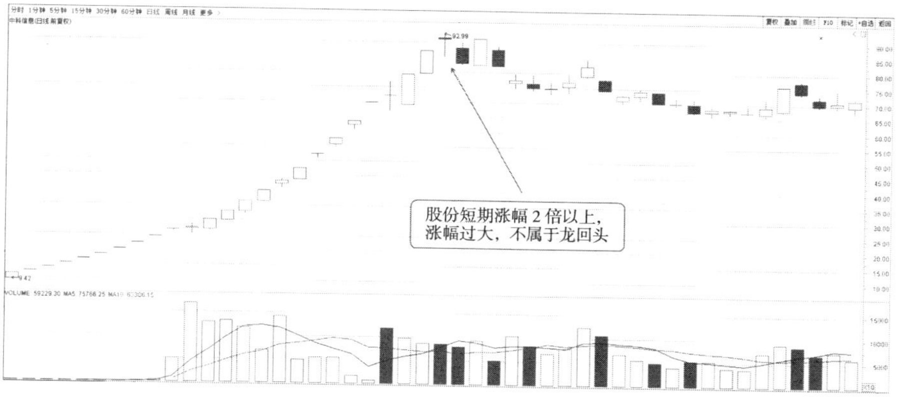

图 20-10 中科信息日线图

再看粤传媒（见图 20-11），这个就很明显了，它第一波的时候涨幅就接近 50%，又是题材，而且又有量，所以回撤下来是容易成功的，至少后面还能给到你十几二十个点的机会。对比前面的案例，你就会发现它们的区别。涨幅太大，一步到位，就往往没有第二波；涨幅合适，那么龙回头形成的概率就比较大。

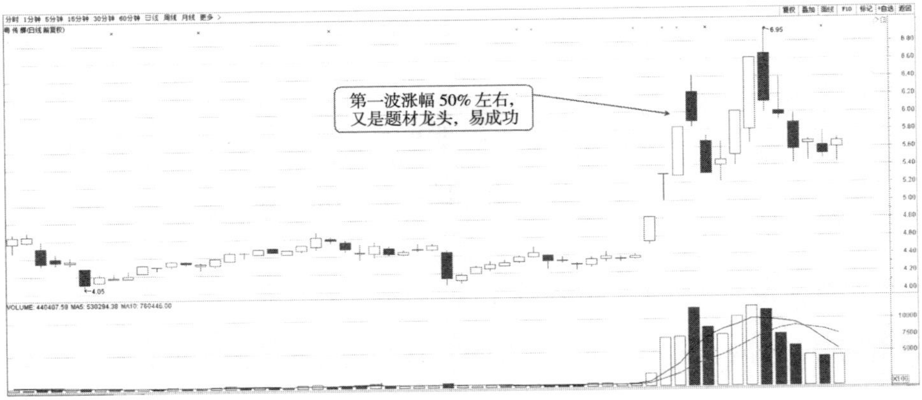

图 20-11 粤传媒日线图

三、买入信号

买入信号，我们一般是依托 5 日或 10 日均线这些重要的技术支撑位来判断。当股价拉升回调过程中触及 5 日或 10 日均线时，就可以考虑逢低吸纳。阶段性的低点是股价一波上涨趋势开始的位置，可能会延续几天、几周或者两三个月，核心是短期上涨趋势开始启动的位置。股价回调过程中，K 线形态的量价关系、股价重心等指标都是我们要看的，因为是短线操作，所以有些时候对于买入分时的走势要求也比较高。总之，买入信号的判断，不仅涉及均线位置、延续时间，还涉及分时的走势等。

如图 20-12 所示，创业黑马大幅上涨之后，股价重心稳定在 60 元附近，视为强势调整信号，这就给到了你逢低吸纳的机会。

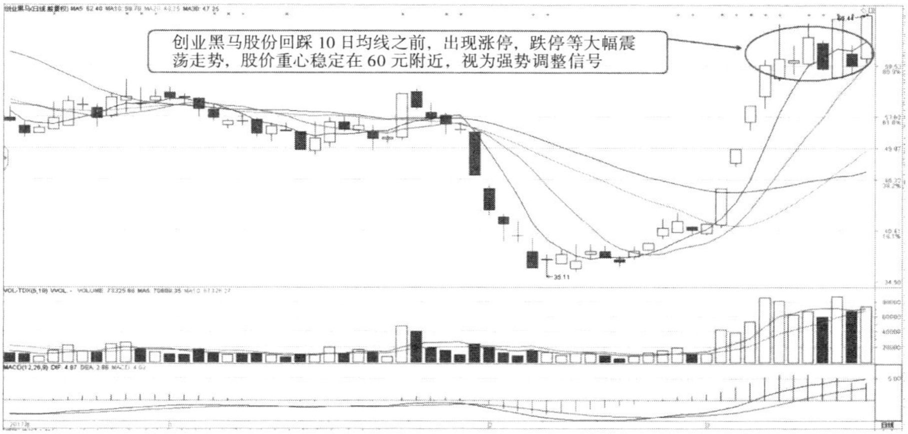

图 20-12　创业黑马回踩 10 日均线之前

接下来，如图 20-13 所示，它到 10 日均线附近形成支撑，其实这个横盘震荡，就是一个龙回头的买入点了，后面第二波上来，非常漂亮。

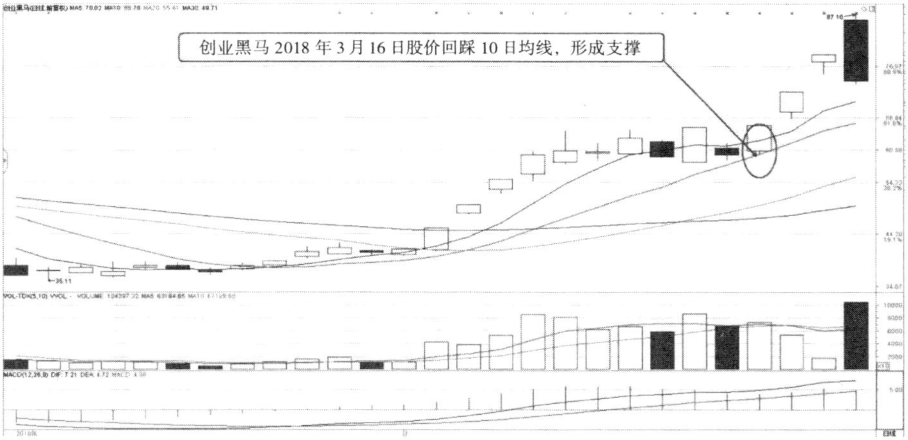

图 20-13　创业黑马回踩 10 日均线

在创业黑马的分时图上，当触及 10 日均线的时候，你会发现，它在盘中出现放量，然后沿着日内均线上涨，而且是强于均线的。也就是说，在这个位置它没有低于日内均线，大部分时间是在日内均线上方，说明它是比较强势的，那么，当它盘中洗完之后再上穿日内均线，这个位置就是一个比较好的买入点（见图 20-14）。到后面也会发现，它反复震荡，最终封死涨停，所以在刚才所说的位置买入是非常理想的。

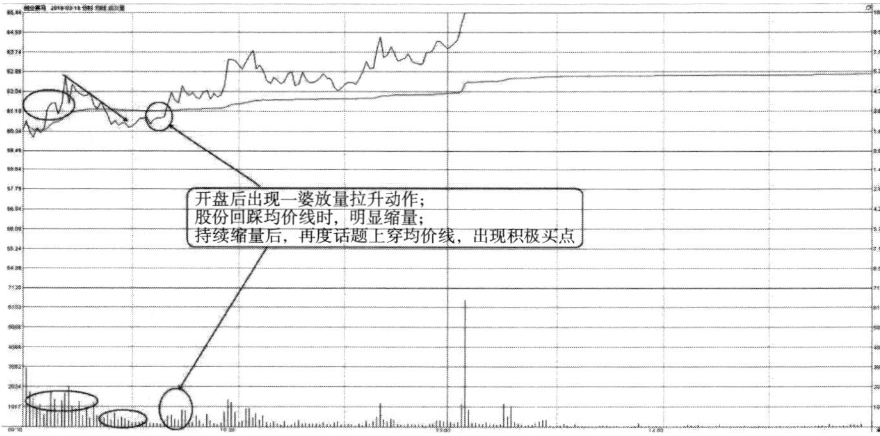

图 20-14　创业黑马分时买点

再看下面这个案例，如图 20-15 所示，太极股份 10 日均线回踩前，股价前面来了一波上涨，保持强势并横盘等待，触及 10 日均线之后，又迎来第二波上涨。

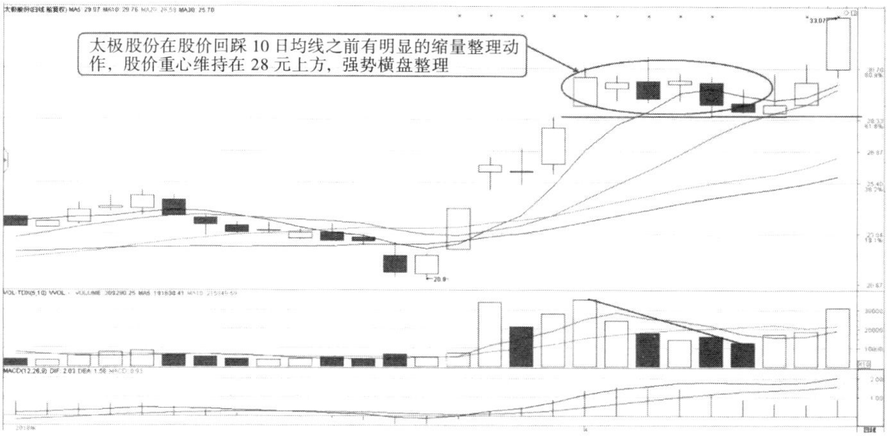

图 20-15　太极股份 10 日均线回踩之前

这里的第二波上涨，跟刚才的创业黑马基本一致。如图 20-16 所示，当它接近 10 日均线的时候，我们就可以提前买入一些仓位了。

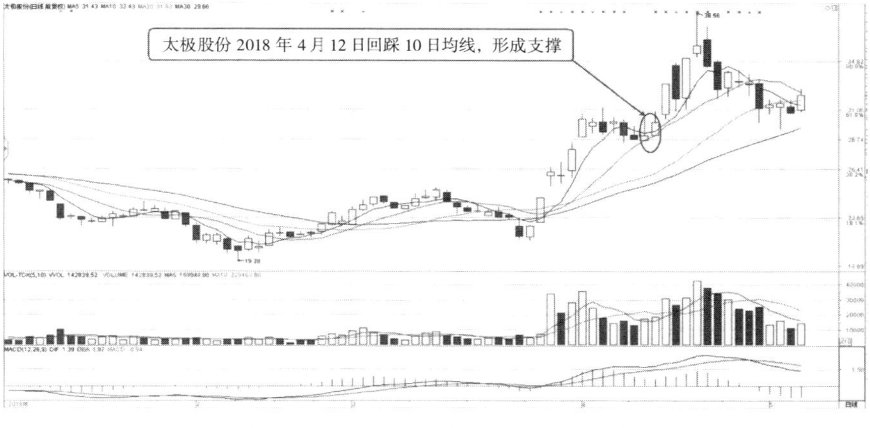

图 20-16　太极股份回踩 10 日均线

如图 20-17 所示，为了从交易上占得先机，当回踩至 10 日均线附近时，如果分时图上面没有更好的信号，就可以直接先配置一点。龙回头博的是再上涨，所以一旦均线到位了，你就可以开始动手了。

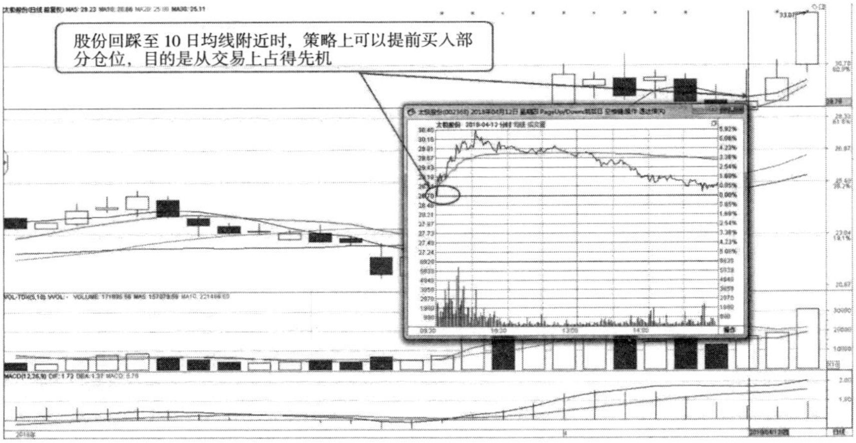

图 20-17　太极股份 10 日均线附近提前买入部分仓位

如图 20-18 所示，当均线到位，再看分时图，它的走势越来越强，波动一直保持在均线上方，那你就可以不断地加仓，最终获取阶段性的一个波段收益。

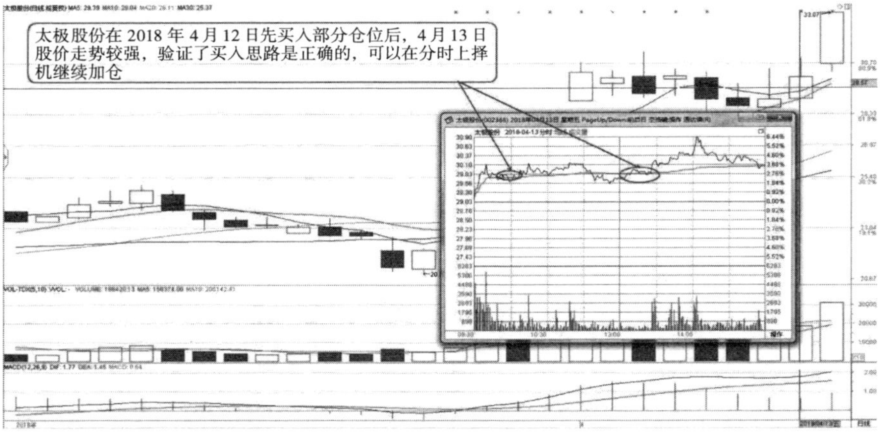

图 20-18　太极股份走强后继续加仓

总的来说，当股价回调至相关支撑位置附近时，从策略上来讲是可以选择分批买入的，从而在交易上占得一定的先机。只要调整到一定位置，若手头上有 100 万元，就可以先买个二三十万元，反正到时候进可攻、退可守。那么，在分时线上面，又可以围绕均线以及大盘等因素再做决策，比如要不要加仓等。

在买入时，一是看均线，二是看分时的盘面博弈，三是看当时整个市场和个股的状况，要做一个客观的分析，这样才能提高成功的概率。

四、卖出标准

对于强势股的卖出，可以分为三种情况：买入后，K 线走势纠结，横盘震荡；买入后，K 线走势流畅，股价很快涨停；买入后股价不及预期，继续下跌。

1. 买入后，K 线走势纠结，横盘震荡

具体策略是：买入后，K 线走势纠结，横盘震荡，短时间找日内卖出点坚决卖出。

以远望谷为例，从图 20-19 所示的 10 日均线附近买入，第二天低开后直接涨停，但上涨一段时间之后，你会发现 K 线走势较为纠结，一直涨不上去了，这时你就要考虑卖出了。

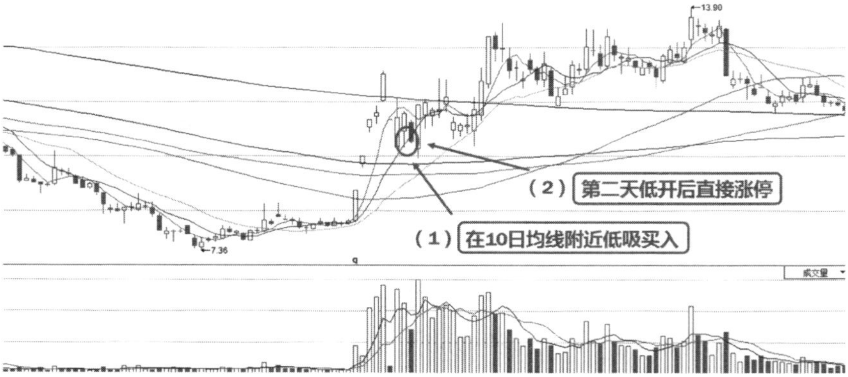

图 20-19　远望谷买入后 K 线走势较为纠结

而且，在涨停分时盘面上可以看到（见图 20-20），它是反复开板，股价强度不算强，封板资金实力一般。既然反复开板，封板不坚决，那么第二天就可以考虑止盈卖出，见好就收，就算后面继续涨，但风险会大于机会。

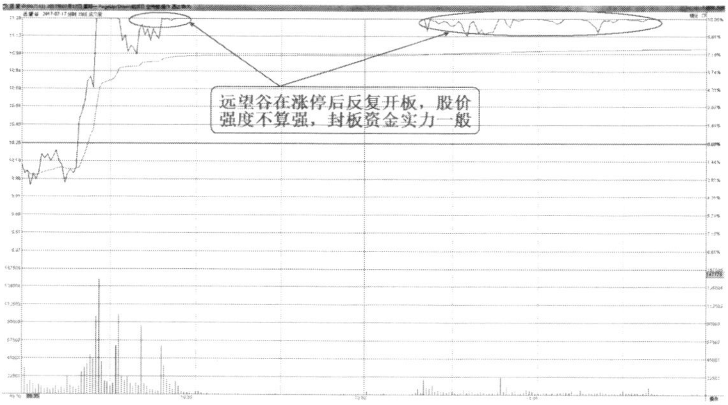

图 20-20　远望谷第二天走势

所以，有些时候我们也要看盘口。买入之后，一旦出现不及预期的状况，就要找合适的卖出点坚决卖出（见图 20-21），哪怕后面再怎么涨也不用管，不能贪心。我们要先防风险，再抓机会。

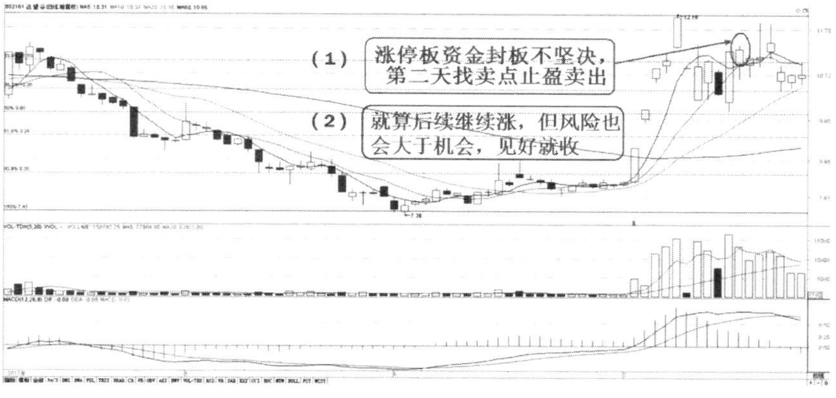

图 20-21　第二天找卖出点止盈卖出

如图 20-22 所示，远望谷后面连续几天都是上涨无力，在分时图上没有冲破画圈的这些高点，那么，遇到这种时候找机会卖出就是了。

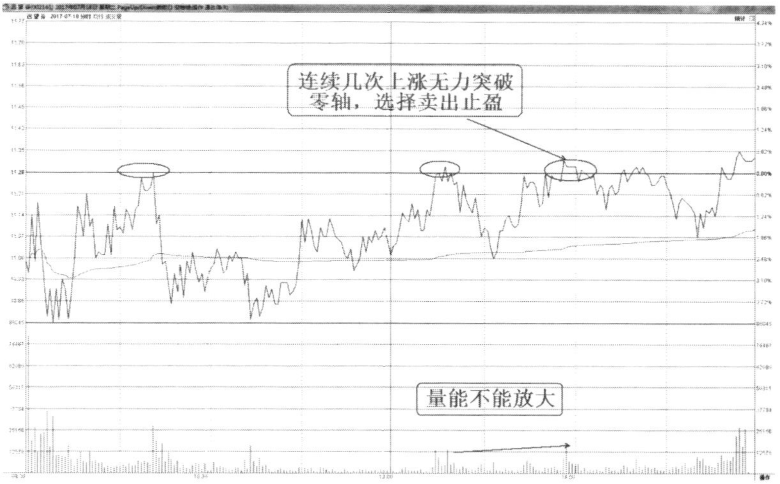

图 20-22　远望谷第三天走势

2. 买入后，K 线走势流畅，股价很快涨停

具体策略是：买入后走势很流畅，股价很快涨停，那么就要一直持有，

直到高位放量大阴线出现时卖出。

以粤传媒为例，在如图 20-23 所示的位置买入之后，K 线走势流畅，很快就涨停了。涨停后，只要顺势而为就好了。

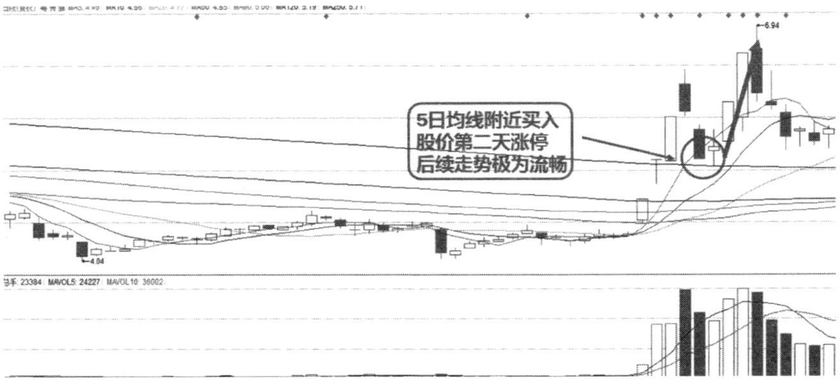

图 20-23　买入后 K 线走势流畅很快涨停

那么，要到哪天卖出呢？这就得看什么时候会出现高位放量大阴线。如图 20-24 所示，当大阴线出现以后，高位放量，止盈卖出，连续两天强势涨停，这时可以先继续持有。

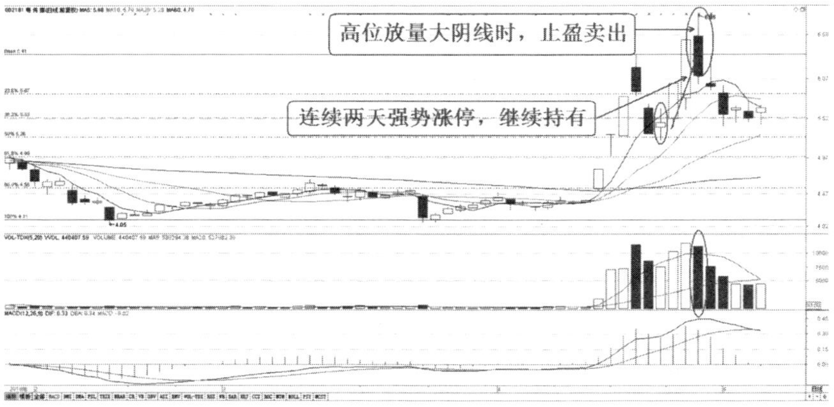

图 20-24　出现高位放量大阴线

到第三天开盘放量，是下跌盘口，这时就一定要警惕了。锯齿状出货，后面都反弹无力，所以这一天是一定要卖出的。如图 20-25 所示，画圈区域都是卖出点。

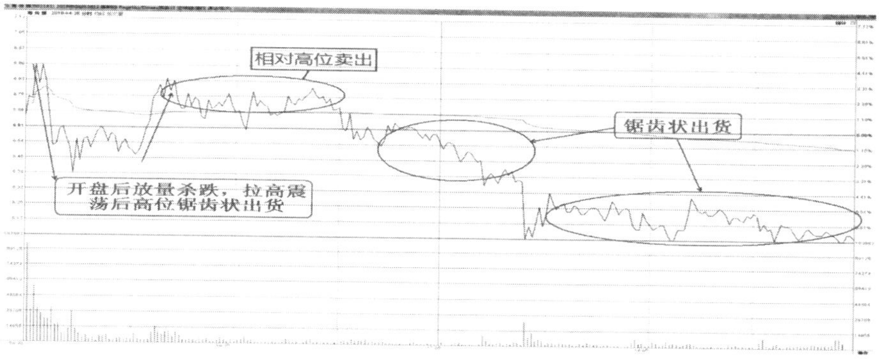

图 20-25　锯齿状分时图出货

3. 买入后股价不及预期，继续下跌

具体策略是：当跌破买入成本价超过 3% 后，建议止损。第一种方式是纠结走势，小赚或者是平盘卖出，是可以的。第二种是顺势而为，涨停放量的时候卖出，这个是能赚钱的。第三种就是有可能亏钱的，股价不及预期继续下跌，我们的建议是亏损到 3 个点就跑路。

由此看来，这个战法的风险是有限的。但是如果操作对了，像上面案例中的粤传媒，连续涨停，机会还是很大的。你只要严格去执行，不断积累小胜，最终就有可能迎来大胜。

总之，龙回头战法的卖出选择，需要结合股价走势并配合指标，强势的就让利润滚起来，弱势的则坚决止损卖出，有一定的量化策略。如果知行合一、不贪婪的话，我相信你的复利增长会是相当可观的。

本章小结

龙回头战法的精髓就是找到市场上最强势的个股，回调时低吸，短期上涨时卖出，是一套超短线的战法。对于这个超短线战法，我给到了一些量化的标准，希望大家更多地去感知买入和卖出的点。

做超短线最重要的是知行合一。小赌怡情、大赌伤身，战法和相关指标只是一个参考，并不能让你百战百胜，成功的投资者应该回归公司的价值！所以，玩短线的、玩技术的，想让自己更成功，就要去寻找那些真正的成长股，进行真正的价值投资，只有这样，我们才能不断地穿越市场，获取最丰厚的回报。当然，在这个过程中拿一些资金去实施这种技战法，可以让你更好地认知盘面、感受市场，更好地认清市场的本质。

附录

常见疑问解答

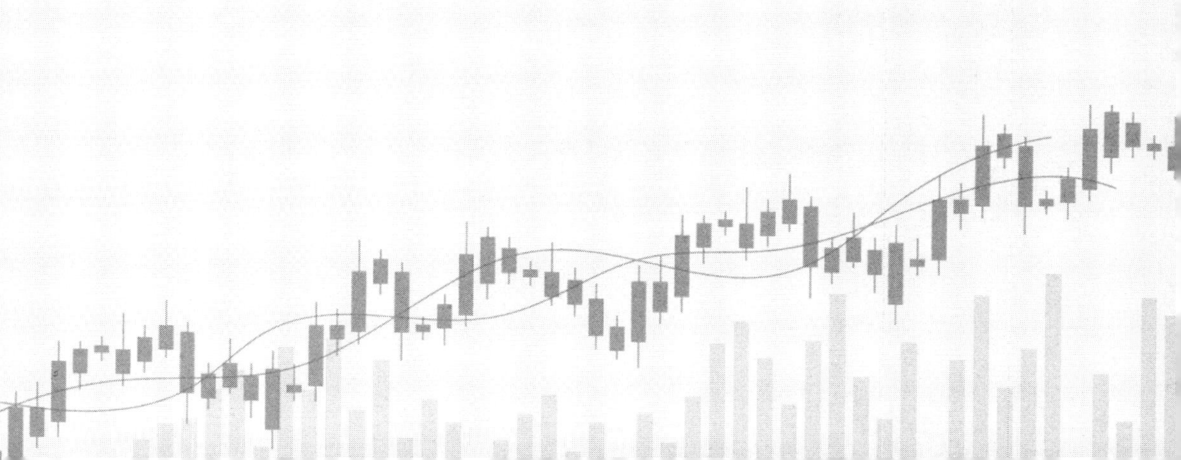

1. 认购缴款时，如果账户余额不够，可以只购买一部分份额的新股吗?

这是可以的。举例来说，如果你认购的份额最后中签了，认购缴款4970元，而事实上账户上只有1000元，没关系，因为它是可以购买一部分份额的，最终就是将对应1000元的认购新股额度给到你。

但是，还是要提醒大家，中签以后一定要把该缴的额度缴齐，只有这样你才能享受所有的收益，不然就太可惜了。

2. 怎么区分新股是小盘股还是大盘股?

一种方法是从它上市的流通股去看。一般来说，我们认为1亿元以下的流通股都是小盘股，1亿元到5亿元是中盘股，5亿元以上是大盘股。

另一种方法是从一个新股所属的板块属性去看。像一些金融板块（银行、保险、证券）、房地产板块、石油板块、煤炭板块和钢铁板块，这些相对偏周期性的行业，一般都可能是大盘股，而新兴产业、科技类的公司往往是小盘股，因为它们还属于刚刚急速发展的状态。

3. 最近开始定投，整个A股都在崩溃下跌，基金亏了很多钱，我应该怎么做?

其实很简单，所谓定投，就一定是要坚持。当然，还要根据具体情况具体分析。如果市场不错，但基金亏了，那么可能是基金质量问题，就可以选择更换基金经理或赎回选择其他基金；如果基金走势只是跟随指数下跌，甚至跑赢指数，则建议继续持有；如果你选择的基金属于高风险类型，波动幅度较大，属于正常现象，但如果超过了你的风险承受能力，则可以选择机会更换中低风险类型的基金。

只有在一种情况下是需要考虑更换的，就是你的基金总是跑输市场，说明你一开始就可能选错了。但正常而言，既然已经是定投了，说明你之前是认可的，认可的话你就要坚持至少半年到一年，然后再分析总结，按照上面所说的几种情况采取相应的办法。

规避风险的小技巧，就是在定投基金的过程中，大跌就增大投资，小跌小涨投资额不变，大涨则可以减少一点投资额。因为是定投，大涨的时候毕竟是追高，所以少投入一点也无妨。如果是大跌，那么你多投入一点也无妨，因为逢低买入就是基本的一种策略。

当然，我觉得到底是涨多了就减少一点，还是跌多了就增加一点，也不用太计较。定投的本质就是坚持以比较恒定的资金去投入，不论涨跌，保持平衡，你要有这种信心，最终就可能获得一个大的机会。

4. 怎么比较有效、快速地判断基金经理的能力？

对于这个问题，就是仁者见仁、智者见智了。

基金经理的评估标准，一是看他过去的操盘业绩，是否稳定获利，例如每年平均的收益率都比较稳定，或跑赢指数；二是看他所在基金公司的团队实力，看该团队之前的历史收益率是否稳定；三是除非你的风险承受能力较强，否则不要去找大起大落风格的基金经理，买基金还是以稳定获利为主。

基金经理过去的业绩，在一定程度上也是其能力的彰显，当然过去不能代表未来，很多时候过去业绩好未来却不一定好，那么接下来还要看团队的整体情况。如果基金经理业绩稳定，他的整个团队也比较优秀，那么在具体选择时，还是尽量不要找那种大起大落风格的，而要找稳中求进风格的。当然，这也跟人的个性有关，有人说我就喜欢大起大落，那你也可以选择这种风格的基金经理。但我相信大部分人是喜欢稳中求进的，那么，你就可以去听一听基金经理的分享，感受一下他的魅力，如果觉得好，就可以持续地跟进；如果觉得他的理念跟你不吻合，当然就只能选择放弃了。

5. 在支付宝或理财通如何选到好的基金?

选择好的基金，是一件难度很大的事情，就像选股票一样，但是定投可以解决这个问题，也就是要选择一些好的行业，我觉得行业有时候比基金经理更重要。

当然，简单的方法首先是选择你的风险偏好，在支付宝基金页面上查询一下过去的业绩。如果是风险偏好比较激进的，就买激进一点的；风险偏好不激进的，就买不激进的。如图 1 所示。

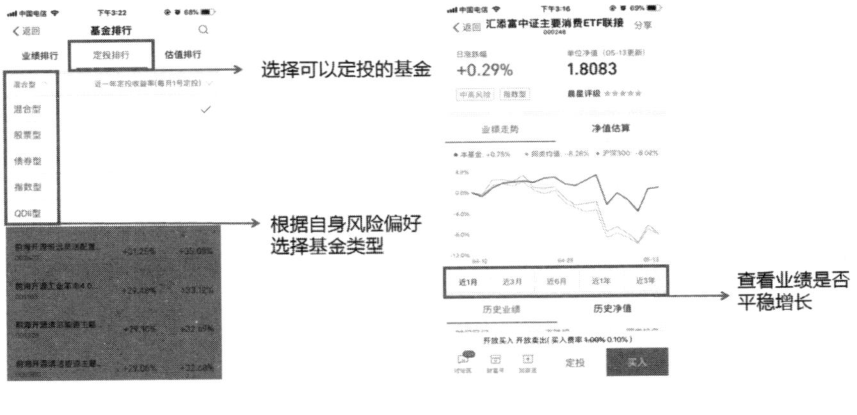

图 1　支付宝基金页面解析

至于基金的资产规模，在图2中也提到了，不能太大也不能太小，适中就行了。几十亿元的盘子，基金经理一般都有一定的从业经验，最好去听听他的理念分享，如果觉得好就多买一点，觉得不好就不买或少买，最终要以定投的思维去把握。我觉得对于行业一定要精挑细选，选对了行业，那就应了一句话：处在风口上，猪都能飞起来。

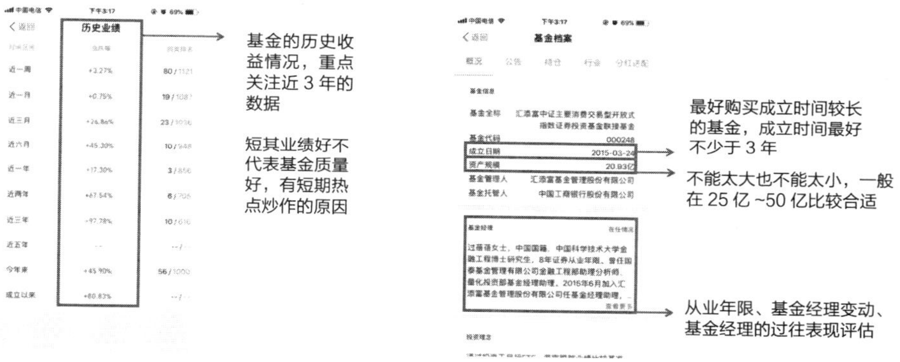

图2　基金历史业绩详情及购买建议

当然，这里面还有一些细节的东西，也可以稍微了解一下，像投资配置、基金经理过去投资的风格等（见图3）。有些基金属于组合基金，各个行业都有，但整体来说，我个人倾向于多选择一些新兴产业的消费类基金，我相信它们在未来的行业发展过程中应该是很有机会的。

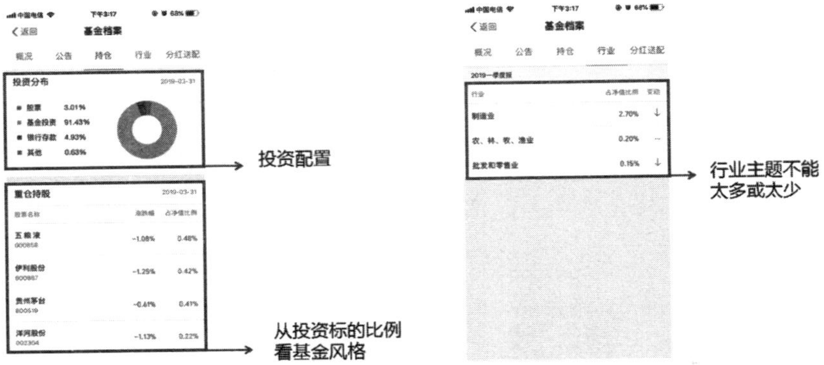

图 3　其他需要关注的细节

6. 国债逆回购有什么小技巧吗?

如果你是做短期的国债逆回购，因为尾盘时资金比较紧张，国债逆回购的利息可能在盘中涨得比较厉害，所以在这个时候买入是比较适宜的。

另外，有些人做国债逆回购，可能只买一个星期的，那么这里也有一些小技巧，让你可以收益更大。

因为市场是一直变化的，国债逆回购的利率也一直在变化，一般在早盘和尾盘会出现高点，所以可以选择在利率高的时候借出收益更大。虽然相比股票的收益率明显低得多，不过将未持仓的资金投入逆回购可以增加资金的利用率。

看一下如表 1 所示的国债逆回购买卖计息一览表就清楚了。比如，你在周一买入一个 4 天的品种（画方框的部分），虽然是买了 4 天，其实周六、周日这两天也计算进去了，4 天变成一个星期，多好的事情！或者是在周二买入 3 天的国债逆回购，也是多两天，等于给你的计息周期是 5 个交易日。总的来说，这个小技巧就是买到周五，这样就可以多享受周末两天的计息周期。

表 1　国债逆回购买卖计息一览表

买入日期	买入品种	资金可用日（到期日期）	资金可取日	实际占款天数	计息天数
周一	204001	周二	周三	1（周2）	1
	204002	周三	周四	2（周23）	2
	204003	周四	周五	3（周234）	3
	204004	周五	下周一	6（周234567）	6
	204007	下周一	下周二	7（周3456712）	7
周二	204001	周三	周四	1（周3）	1
	204002	周四	周五	2（周34）	2
	204003	周五	下周一	5（周34567）	5
	204004	下周一	下周二	6（周345671）	6
	204007	下周二	下周三	7（周3456712）	7
周三	204001	周四	周五	1（周4）	1
	204002	周五	下周一	4（周4567）	4
	204003	下周一	下周二	5（周45671）	5
	204004	下周一	下周三	5（周45671）	5
	204007	下周三	下周四	7（周4567123）	7
周四	204001	周五	下周一	3（周567）	3
	204002	下周一	下周二	4（周5671）	4
	204003	下周一	下周三	4（周5671）	4
	204004	下周一	下周四	4（周5671）	4
	204007	下周四	下周五	7（周5671234）	7
周五	204001	下周一	下周二	1（周1）	1
	204002	下周一	下周二	1（周1）	1
	204003	下周一	下周二	1（周1）	1
	204004	下周二	下周三	2（周12）	2
	204007	下周五	下下周一	7（周1234567）	7

虽然多两天也多不了多少，资金大一点的可能也就多几十上百元，但这总归是好事，你也可以借此好好研究一下国债逆回购买卖计息一览表，在国债逆回购的过程中，可能会对你有一定的帮助。

7. 能长期跨越牛熊周期的股票有哪些？

能长期跨越牛熊周期的股票，它一定具备一个鲜明的特点，那就是这个行业是有相当的成长性的。

大家应该还记得 2015 年的股灾吧，股票普遍大跌，但是新能源电池行业在那个阶段就挺了过来，根本原因就在于它这个阶段的成长性，也就是不确定中的确定。因为这个阶段政策的极力支持，促使这些新能源电池行业急速发展，所以那几年是确定的，也使得它成功跨越了牛熊周期。

如果是更长期的，就要看企业的基因了。纵观历史长河，能够长期几十年跨越牛熊周期的，往往都是一些细分领域龙头。要么是消费类的，要么是医药类的，要么是科技类的，无非就是这几个行业。消费类的很容易理解，衣食住行都是有需求、不可缺少的，当品牌形成了，每年都会保持一定的稳中求进的增长。医药类的也是，一直都有需求，非常稳定。科技类的弹性比较大，但如果能做成龙头企业，有了自己的护城河的话，那么它就能走很长一段时间。

归根结底，能够长期跨越牛熊周期的股票，都是能保持长期持续成长的。所以，你看清楚了成长逻辑，那么就能找到长期跨越牛熊周期的股票了。

8. 相比 A 股，港股可能便宜不少，那么港股市场有多少投资价值?

判断投资价值，同样也要回到成长性上面。好的东西大家都会抢，像海底捞港股，几十倍的市盈率还不是照样抢。所以，我想告诉大家一点，只要是好的公司、有成长性的公司，市场就会给它一个合理的或者是超出市场预期的估值。

所以，港股市场有没有投资价值，取决于这个企业未来有没有成长性。有成长性，它就有投资价值；没有成长性，那么再便宜也不能要。

9. 研报内容这么多，怎样才能节省时间并抓到重点内容?

第一是看毛利率在同行业当中是不是有竞争力，往往毛利率有竞争力的，就说明它有一定的核心竞争力，这是一个很重要的点。

第二是看它的业绩是不是有持续成长的趋势。如果有的话，那么这也是一个比较不错的点。另外，你要看它的未来是不是有比较大的发展空间，如果是的话，那么在研报里面你也能嗅到一些比较有价值的信息。

第三是了解管理层、董事会对未来的规划，是不是有外延式发展、重组等这种加速发展的策略，这些也是你在研读时需要多去留意的。

围绕这几个点去看研报，就会大幅度减少你的时间，并且能够抓到一些关键的点，有助于你的投资判断。

10. 科创板门槛高，如果想参与，有其他方法吗？

其实很简单，要参与的话买点基金就行了。有很多公募基金都可以参与科创板的企业，也就是说你可以间接投资，不用直接投资。当然，这样你就不能够随心所欲，想买哪个科创板的企业就买哪个，因为你选择投资基金，也就是把这个选择权交给了基金公司。

不过，如果没有办法投资科创板企业也没关系，主板有很多公司也值得投资，他们的主营业务和科创板上市公司是相似的，选择看好的行业公司，其实效果也一样。

11. 怎样通过 F10 排雷，避免投资业绩持续亏损的上市公司？

F10 排雷其实也并不复杂。要避免投资那些连续亏损的上市公司，看一下他们的财务报表就很清楚了。比如已经连续两年亏损，随时可能就会有一个雷，这肯定是要避免的。当然，这个是明排雷的，还有一些暗排雷的。比如，可以看一下它的质押率高不高，大股东的质押率如果特别高，万一还不起钱，爆仓了，就是个雷；还可以看一下它本身的负债率高不高，一家企业如果负债率太高，超过行业平均水平很多，那么就要小心了，这也有可能是个雷，万一还不起钱也会爆仓；再就是可以分析一下这家公司所在行业的未来如何，如果觉得接下来要面临大衰退，就要小心了，这可能会带来业绩的巨幅下滑或者是巨亏，这也是未来有可能出现的一个雷。

上述这些，都可以在 F10 里面找到相关信息，然后进行基本的判断。一句话，多看 F10，多研究，就有可能会多抓到一些牛，而不是雷。

12. 上市公司并购重组、增减持对股价有什么影响?

当然有影响了，不过具体个股要具体分析。大的并购重组，影响自然也大；小的并购重组，影响就会比较小。增持肯定是有利于股价上涨的，减持则很显然会抑制股价的上涨，减持说明他不看好，或者有资金需求，但减持不一定就是一减就跌，增持也不一定是一增就涨，这也要看市场当下的环境和它背后的真实意图，然后具体分析，做出判断。

13. 股价爆发都是有逻辑的，个股引爆点有哪些?

其实，个股的引爆点有很多。并购重组就是一个引爆点，特别是大的并购重组。业绩的超预期增长也是个引爆点，比如业绩突然间预增 400% 或 500%，肯定会把个股引爆。还有就是事件性的，比如突然间国家宣布对某个具体行业有一个很好的政策扶持，或者是大幅度的减税，或者是给予资金扶持等，这都会成为一个股价的引爆点。

总之，股价爆发的逻辑很简单，说白了就是有支持，给这个企业未来会带来很好的业绩提升，那么自然对股价就会带来积极的影响。

14. 大股东都减持了，我是不是应该要跑了?

这个不一定。

大股东减持，有可能是重组的前兆，也可能是有其他大户或其他大股东进来。减持要看位置，如果是相对高位，那你要警惕了，说不定大股东要做差价，或者是真的如你所说要跑了；如果是相对低位，那你反而要留意，它可能会有后招。所以，大股东减持不是一定要跑的，而要看具体股价的位置，还有它目前发展的状况。如果发展状况非常好，而且未来有可能更好，那么不论是增持还是减持，你都可以视为一种利好，根本不需要跑；反之，如果它未来发展绝对不行的话，那么不论是增持还是减持，你都可以视为一种利空，需要提早跑了。

15. 怎么辨别庄股，避免被套？

并不是说进了庄股就一定被套，但是我们要尽量不去参与庄股。

这是因为，庄股的筹码过于集中，万一哪天资金链断了，就会带来毁灭性的打击，特别是高位的时候，很多标的都是如此。连续大涨或者涨了一阶段，你都不知道它到底为什么涨，因为业绩不怎么样，未来也看不出太多端倪，但资金链一断开始下跌就是连续一字跌停。有人可能说，在它上涨的过程当中快进，获利就出也可以，但是，你并不知道它突然什么时候资金链就断了，然后疯狂地下跌，连续跌停，那你到时候想跑都跑不了，一套就套得牢牢的。

所以，像那些走势特别强势、特别有规律的，或者是走势特别没有逻辑的，基本上都是庄股，它们的波动缺乏业绩推动的逻辑和成长性推动的逻辑，往往是靠资金推动的，对它们敬而远之，那么自然就能避免被套了。

16. 为什么我炒热点、追题材总是失败？

反问一句，你为什么要去炒热点、追题材呢？

单就这个“追”字而言，意思就是你看到股票突然涨起来了，想赚快钱，拼命去追，但你知道它背后的逻辑吗？它的上涨有些时候就是源于一个事件性的机会，这种机会来得快，去得也快。如果你盲目地去追热点，想赚快钱，那一定会促使你追涨杀跌，当你追进去时可能就是高位，然后一跌就杀下来了，止损都可能来不及。

这样的心态本身就是不对的。这种超级赚快钱模式需要清晰的逻辑和持续性，如果你的逻辑不清晰，又比较盲目，那失败的概率自然就比较大。

当然，如果你有逻辑，有清晰的思路，也可以这样去做，成功的概率可能会多一些。但是，作为一般股民，我是不建议这样去追逐热点的，俗话说“没有金刚钻，别揽瓷器活”，不具备这种能力，就换一种模式，去找到上涨公司的本质，找到中长期上涨的逻辑，这样你才会在市场博弈过程中多一点成功、少一点失败。

17. 怎么挖掘板块的龙头股？

一般来说，一个板块一涨起来，首先你要看这个板块是哪个个股先涨停，往往率先涨停的就是有成为龙头的迹象的。其次是看盘子，谁偏小一些，因为龙头股不可能是大盘股，大盘股拉不动，也拉不了那么多涨停，所以它往往是中小盘的同板块个股。最后就是看它未来是否有预期，也就是成长的预期。如果它的业绩未来有成长预期，盘子又不算大，还是板块中第一个涨停的，那它大概率就是龙头股了。

是不是有率先涨停的机会，未来有没有业绩上的预期，它的盘子是不是比较适中，这些都是促使这个板块个股有机会成为龙头的关键性量化指标。

18. 我被套牢了怎么办？

这也要具体问题具体分析。被套的个股，如果未来中期还有继续下跌的空间，选择当然是以砍掉为主；如果未来还有很好的成长空间，还有涨上来的希望，那当然就是坚定地持有。

所以，一开始选股、买股的时候就要想好策略，一旦套牢能忍受多少，跌到多少就开始止损，这些都应该在买入之前做好打算。也就是说，在开始投入作战的时候，你就要想清楚“我被套牢了应该怎么办”这个问题。